大井頭畫海報

顏振發與電影手繪看板

王振愷 著

目次

精彩預告
假面病棟

導讀

國立臺灣師範大學臺灣史研究所兼任教授　蔡錦堂

本書可說是今年（二〇二一）初出版的《大井頭放電影：臺南全美戲院》的續集，以全美戲院電影手繪看板繪師顏振發為主角，敘說顏師傅的生命小史、習畫生涯、發跡過程和手繪看板技藝，以及他的精彩作品集。

顏師傅與全美戲院

在前一部《大井頭放電影：臺南全美戲院》中，透過作者所提供的資訊，我們得以了解臺南市民權路與永福路交口、市定古蹟「大井頭」旁的全美戲院，如何經歷戰後七十年「劇場、戲院、電影館、影城」的演變挑戰。曾以「插片」（插播色情片）、「首輪改二輪」、「兩片同映．不加票價」、「牛肉場」（情色歌舞團）等方式苦撐經營，又度過第四台、錄影帶、VCD、DVD、盜版光碟，以及電影放映從膠捲汰換成數位化的巨大衝擊，全美戲院堅韌經營的哲學，以及尋找與顧客群同步成長的「陪伴哲學」文創方式，讓它得以在繼續提供臺南、甚或臺灣的電影文化養分的同時繼續生存。透過全美戲院「拒絕被打敗」的辛酸經營史，我們也看到戰後臺南甚或全臺灣的電影映演史。

《大井頭畫海報：顏振發與電影手繪看板》則是作者王振愷以全美戲院七十年映演史中，自千禧年迄今二十多年間，與全美戲院共存共榮的「電影手繪看板畫師」顏振發為對象，先敘說顏師傅的生命小史、手繪技藝，並將他的精彩看板作品等彙整後，首次公諸於世。

談到臺南全美戲院，眾所周知名聞國際的大導演李安，在青少年期經常到這家二輪戲院「觀摩」電影的製作與拍攝手法。全美戲院還有一個吸引眾人目光的亮點：高掛於戲院二樓牆面上的大幅電影手繪看板。那是二〇〇〇年起擔任全美戲院手繪電影看板首席畫師，也就是右眼失明、背部微駝、貌不驚人的「國寶級」畫師顏振發的作品。

電影「海報」與電影「看板」

商業電影崛起之後，為吸引群眾進入劇院觀戲，「海報」（poster）成為重要利器之一。商業廣告用的海報，大約十七、八世紀就在歐洲出現，起初使用石版印刷，十九世紀後半葉有了木版、銅版、石版等多種印刷方式，也出現了可以印製等身大作品的大型印刷機，十九世紀末的法國，已能製作大幅的彩色石版海報。同年代在東方，江戶時期的日本，則盛行以木版製作多種色彩的「浮世繪」錦繪畫作，並可大量製版印刷販售。這些浮世繪作品也曾風靡歐洲，甚至影響了印象派畫家梵谷等人的畫風。

日本統治臺灣後，因為電影事業的崛起，日本的電影公司如東寶、松竹、大映、日活等，競相模仿西方的電影宣傳活動，製作「電影海報」（日本時代的稱呼是「映画ポスター」），隨著電影的拷貝分送各地映畫館，以進行宣傳招徠觀眾。但因為印刷技術的限制，電影海報無法大幅製作，而且會破損，分發份數也常短缺。當時的電影海報雖尺寸不一，但一般長寬大約是七十五公分乘五十二公分或更小，差不多是全紙對開的大小（報紙的兩版大），因此多半張貼於戲院櫥窗內或柱子、牆壁上，適合近距離觀看，不利於遠端欣賞。於是，劇場發展出新的宣傳手法，延請畫師依電影海報或劇照內容，依樣「格放」（將原圖或草圖依比例放大到大圖上的手法）繪製或重新設計成數倍大的大型手繪「看板」（日語かんばん之漢字），畫好後張掛於劇院或群眾聚集處的高牆上，讓觀眾從遠處即可看見劇院目前或近期將上映的電影名稱。而附屬於劇場、負責繪製電影看板或製作一般招牌的「廣告社」也因應產生。

二戰之後的臺灣，「電影手繪看板」的設計繪製與製作，即依循著這樣的模式，繼續傳承。「電影海報」作品超過五千幅，大名鼎鼎的「人間國寶」陳子福（一九二六—）原本是電影手繪看板的畫師，後來因為擁有繪製電影海報的才華，遂從「電影看板」轉到繪製「電影海報」的領域。另外還有去年（二〇二〇）六月結束營業的二輪戲院桃園中壢中源戲院的手繪看板畫師謝森山（一九四六—），以及十三歲起即在嘉義中華戲院工作，後來輾轉於彰化、南投各地繪製電影手繪看板，現年六十五歲的張玉村，他們都是這門即將消失行業的「職人」。

本書的主角，今年六十八歲的顏振發（一九五三—），或許是這項電影手繪看板業碩果僅存的國寶級「現役職人」。他正與臺南全美戲院的吳家經營群繼續奮鬥，「不想讓手繪電影看板這項技藝消失」。

二十八歲寫手與六十八歲電影看板繪師的邂逅

兩年多前，當作者王振愷開始執筆全美戲院的劇院史時，就注意到不太多話、默默存在的看版畫師顏振發，並下定為顏師傅「作傳」的心願。然而，事情不容易進行，對於一位將近五十年來不習慣以「嘴巴」說故事，而是藉著雙手、雙眼、頭腦，全神專注於看板畫布上，以電影角色眼神臉龐輪廓、背景動作、光影色彩來「敘說故事」的畫作職人而言，要他接受學院派歷史研究者進行一般傳主的「口述訪談」，其實相當困難。二十八歲的振愷用盡方法（包括煽動振愷爸和顏師傅「交陪」），終於以誠摯之意「打開六十八歲顏師傅的心房」，取得他的信任，開始讓顏師傅敘說自己手繪電影看板的生命小史。如果說《大井頭放電影：臺南全美戲院》是振愷走向寫手生涯的起點，那麼本書《大井頭畫海報：顏振發與電影手繪看板》就是振愷跨入「寫手職人」的第二哩路。

顏振發與顏水龍

為了敘說自己的歷史，顏師傅帶著振愷回到家鄉臺南下營「溯源」，拜會顏氏家廟與北極殿等，甚至提供自己親撰的《顏振發畢生的奮鬥傳奇》手稿給振愷參考。在顏振發的溯源之旅外，作者也「插播」描繪了同樣來自下營、出生於日本時代的顏氏宗親顏水龍（一九〇三－一九九七）事蹟。藉著同為下營顏氏宗親的關係，作者似乎試圖釐清「匠師．職人」與「藝術家」的定位問題。畢業於日本東京美術學校、曾任職於大阪壽毛加齒磨（牙粉）會社的專業廣告人顏水龍，戰後在臺灣推廣手工藝，並於多所大學任教。他曾於臺灣省立體育專科學校創立時（一九六一），為體育場外牆創作大幅的馬賽克壁畫《運動》，也曾為臺中太陽堂餅店製作當時尚處戒嚴時期而有爭議的壁畫《向日葵》，還創作了臺北劍潭公園長達百公尺的《從農業社會到工業社會》（俗稱《水牛圖》）、西門町日新戲院的《旭日東昇》等馬賽克壁畫。顏水龍從小張原稿「打格子」，再「格放」到大幅馬賽克元件上，其繪製手法與電影手繪看板取材自電影海報的模式頗為相似，但顏水龍在工藝美術史上有一定的「藝術家」地位，不會被稱為「匠師」。那麼，顏水龍的同鄉，從事手繪電影看板的顏振發呢？顏師傅是「匠師」或「職人」？或是他也可以被稱為「藝術家」？振愷想為顏師傅平反的焦慮心情，似乎還未獲得答案。

遊走手繪看板江湖到全美戲院的歲月

在本書第一章「看板二、三」（即第二、第三節）中，作者花了一些篇幅描述自十四歲到四十七歲（一九六六—二〇〇〇），顏振發離開故鄉遊走各地拜師學藝的辛酸過程。顏師傅在二十歲時（一九七三），在臺南延平戲院（前身為日治最具特色的劇場「宮古座」），親自完成了人生第一幅手繪電影看板《丹麥嬌娃》（香港邵氏出品）。其「三年四個月師徒制」的師父、延平戲院首席看版畫師陳峰永，以及戲院報紙廣告設計董日福兩人，是與顏水龍同為東京美術學校出身、戰後在臺南省立工學院（成功大學前身）建築系任教的郭柏川（一九〇一—一九七四）之弟子。雖然顏振發未直接受教於郭柏川，但輾轉從陳峰永與董日福身上學習到許多諸如靜物、石膏像素描、廣告版面設計、立體美術字設計等，作為一位電影手繪看板匠師應有的知識與技能。

由於兵役以及退伍後找尋新的工作，顏振發曾暫時離開臺南，一九八〇年再度回到臺南的統一．中國城戲院，重拾臺南中正路商圈、十幾家戲院聚集的一級戰區「電影里」的電影看板畫師工作。

時間進入二十一世紀，在電影業如同蔡明亮導演的電影《不散》結尾最後一句臺詞，演員石雋向苗天說道：「都沒人看電影了，也沒人記得我們了。」除了少有人看電影之外，此時也正好是電腦繪圖、數位印刷、大圖輸出開始盛行的時候。一般戲院與手繪看板畫師並非薪水制的僱傭關係，而是以看板繪畫大小和件數計算酬勞。當手繪電影看板的計件工資超過大圖數位印刷成本時，手繪看板師注定要面臨被取代的命運。四十七歲正當壯年的顏振發，似乎也不得不考慮收拾畫筆另起爐灶。就在這時，全美戲院向顏師傅招手，希望他能擔任全美戲院的首席手繪電影看板畫師。時間是千禧年的二〇〇〇年。因為全美戲院經營層的「伯樂識馬」，以及仍舊採取傳統手繪看板對抗大圖數位印刷的「逆勢操作」，才有了「電影手繪看版畫師顏振發」與「臺南全美戲院」結合的電影文創傳奇。

手繪電影看板繪師是「職人」還是「藝術家」？

全美戲院附近的臺南市定古蹟「大井頭」，在歷史上曾經給予古都臺南住民飲水的滋潤，而顏振發與全美戲院自二〇〇〇年開始的結合，為臺南甚至來自臺灣各地的觀影群眾提供的，不只是純粹的「放映電影」，還有「文化的加值服務」。在純粹的電影放映方面，全美戲院並沒有超越其他戲院、影城甚或家庭網路能夠提供的舒適、豪華、立體聲光服務，但全美戲院的播映方式並不是純靜態的，他們採取與顧客群同步成長的「陪伴哲學」文創方式，發展出宛如「大井頭」般提供「電影文化」滋潤飲水的獨特模式。過去在偶然機緣下，曾為培育電影大師李安有所貢獻的「二輪電影．兩部同映．不加票價」策略，仍在執行中。與顏振發師傅攜手同行後，在電影文創策略上，就能確切持續地將屬於「傳統電影文化」重要元素之一的「電影手繪看板」，醒目高掛於戲院牆頭，吸引媒體、雜誌、網路及文青的注目與討論。二〇〇四年，全美戲院開始推出各不同年份的「手繪電影看板明信片」，供喜愛電影海報與手繪看板的觀眾蒐藏。二〇一三年起推動技藝傳承與培育畫作人才的「手繪看板研習營」，也是其中的一環。

二〇一〇年，旅遊生活頻道「瘋臺灣」著名主持人Janet在節目中介紹全美戲院與顏師傅；二〇一三年ＡＰ（美聯社）的採訪則開啟了顏振發師傅的「國際名聲」。二〇一八年ＢＢＣ（英國廣播公司）以「臺灣最後一位手繪電影海報畫家」為標題，配合多張相片與文字來介紹顏振發；臺北永康街的GUCCI Art Wall的藝術壁畫創作，更讓顏師傅多次登上國際與國內媒體。臺南市議會、臺南市政府也於二〇一八年底通過顏振發師傅為「臺南市卓越市民」。

手繪電影看板繪師是「匠師」、「職人」或「藝術家」？至少對顏振發師傅而言，這樣的爭議已經沒有意義。

手繪看板現場與作品集

本書第二章「大井頭旁畫海報——手繪看板現場」在「現場三：手繪看板技藝傳承——不藏私步驟拆解」一節中，從「看板打底色—原稿打格子—畫布打格子—描輪廓—上色—寫字—晾乾—清潔環境—拼接懸掛」，將手繪看板的程序配合圖像一一說明，非常值得對手繪看板有興趣的觀眾或讀者嘗試、賞析，這應該是顏師傅慷慨大方地送給讀者的一份禮物吧。

在第三章「顏振發師傅作品集」中，提供了一些顏師傅過往精彩畫作。收藏、欣賞畫作的同時，讀者也可再度回到時光隧道中，品味畫作中的電影主題、男女主角明星、戲劇內容情節……。

推薦序

全美戲院經理、赤嵌朋派發展商圈協會理事長　吳俊誠

二〇二一年初，當我閱讀振愷撰寫的《大井頭放電影：臺南全美戲院》時，童年時對於這座「戲院即家」的種種記憶被召喚了出來。

我永遠記得父親帶著我坐著偉士牌速克達，從幼稚園畢業公演舞台換下小白兔服裝後出發，我們停在「全成第一戲院」的右側門口，這是我對全美戲院的第一印象。在就讀臺南一中之前，我們全家就都住在戲院裡，這裡是我奔跑、玩捉迷藏、寫功課、看電影、睡覺與做夢的遊樂園。從小電影就是我的良師益友，小時候曾經立志當導演，許多電影如《亂世佳人》、《星際大戰》等經典電影裡的名言畫面，鼓舞我日後面對人生中挑戰的勇氣。

當兵之後，我回到戲院工作，照顧販賣部、站櫃台賣票、當排片人與打雜等，三十歲之後與從國中開始在戲院幫忙的林淑惠步上紅毯，與家族成員一起為戲院打拼奮鬥，做不一樣的電影夢。我們一起做戲院的廣告設計，包辦各式各樣的文宣品，在過去電影正式上映前，電影看板、報紙廣告、宣傳放送車都是吸引觀眾進入戲院看戲的重要管道。

《大井頭畫海報：顏振發與電影手繪看板》這本書讓我與妻子過去曾經做過的事情變得有跡可循，當然書中最重要的是回顧顏振發師傅五十多年的職人生涯。這位堪稱最熱愛及最堅持電影手繪看板志業的臺灣國寶畫師，多年來與我亦師亦友。

二〇〇〇年初，我將電影看板與老戲院的元素結合，創造出不同於歷史的見證。顏

師傅與我的合作就像兩片同映，當觀眾看了一片後又看另一部片，兩支影片來回激盪，在腦內便會形成獨特的化學變化，期盼未來戲院能與顏師傅創造出更多加乘的合作。

我們也像是戰友，在他繪製電影看板之前，我們會協助師傅收集電影相關素材，讓他精選濃縮並排列組合，產生吸睛的構圖，以吸引觀眾進場，創造戲院的票房。有一次，為了畫十三塊組合而成的巨幅《賽德克巴萊》電影看板，我還特地幫他買了電影專書，並且回到古早的創作方式，挑選其中的劇照，然後構圖組出看板的畫面。

這幾年我與妻子陪顏師傅走跳大江南北，其中印象最深刻的是二〇一八年陪師傅到永康街畫 GUCCI 藝術大牆，最初他因為懼高而抗拒接下這項重任，後來在一次北上錄影時到場勘查，才說服他突破心魔，從而開啟了計畫。當時他憑著特地從臺南送上來的七罐油漆，不用電腦預設調色，就可以變化出色卡上數百種顏色，而且用一把尺就可以畫出三層樓高的大圖畫面，十足見證他的真功夫。同年底，師傅過去的辛苦總算換來一些成就，當時市政府決議頒給他臺南市卓越市民，是相當難忘且令人感動的經驗。

種種的回憶都收錄在「大井頭系列」的兩本專書，在此特別感謝振愷兩年多來為全美戲院與顏振發師傅所進行的書寫工程。現在我同時身為「赤嵌朋派發展商圈協會」理事長，也透過這兩本書召喚出全美戲院之外更大的世界，也就是赤崁周邊地區的歷史。我也回憶起這一帶的種種記憶：空地上玩泥巴打棒球、元宵提燈籠逛老巷、赤嵌樓賞魚、武廟看烏龜、民權路上溜冰、統嶺巷吃麵、民族路的大型夜市等。

人生如戲，戲如人生。願原力同在，不忘初心，共榮奮鬥。

作者序

凡走過，必留下痕跡

「我是土生土長的臺灣囝仔，不忍心看到臺灣文化一天一天的消失啊。」

——顏水龍

二〇二〇年適逢臺南全美戲院七十週年，許多戲院因為疫情生意難做，但顏振發師傅依舊忙碌，如常地畫著戲院即將上映的電影看板，現在還多了許多委託製作的邀約。而且二〇一三年開始以「手繪看板文創研習營」為名，顏師傅定期在戲院前開班授課，透過四天密集班的形式，將這份傳統技藝傳承下去，現在儼然成為全美戲院秒殺的招牌活動。

從過去到現在，電影手繪看板一直是電影映演業最重要的廣告媒介，從傳統手繪到電腦繪圖、數位印刷，科技，讓這項技術變得普遍又便利。然而，這些靜態的圖像在過去也被視為電影產業的最末端，始終為正統電影史或藝術史排除在外的文化產物。

隨著當代臺灣老戲院的消逝，手繪看板師傅的技藝與記憶的記錄和保存迫在眉睫。在時代的洪流中，過去有不計其數的畫師懷抱著夢想，離鄉背井來到城內的戲院，忍受極其寂寥窮困的生活條件，只為了習得看板手繪的一技之長，但最後卻在時代的劇變中被迫轉業。如今，全美戲院的顏振發師傅是昔日眾多星叢中，唯一仍在閃耀的星星。

《大井頭畫海報：顏振發與電影手繪看板》是一本關於顏振發師傅的傳記與作品集，本書整理他極為豐富的生平、電影看板作品，甚至從未公開的油畫創作。這也是接續《大井頭放電影：臺南全美戲院》之後出版的著作，如果說《大井頭放電影》是以臺南全美戲院來映照出臺灣戰後戲院史，那麼《大井頭畫海報》就是進一步以顏振發這位傳奇畫師的生命史，嘗試連結海報與看板歷史在臺灣的文化脈絡。

《大井頭畫海報》出版的想法是在正式進入全美戲院專書書寫時出現的，原本只規劃將顏師傅的故事收錄在《大井頭放電影》當中一個篇章，但真正與他進行口述後，便發現他精彩的一生絕對足夠撐起一本書的厚度。

由於籌備這本書的機緣，顏振發師傅就此走入了我的生命，他年輕時的苦行歷程，那位懷抱遠大夢想的少年交會在我的二十八歲的時光裡。雖然生處不同年代，卻共同有著對於藝術理想的抱負，而他那始終不老的赤子之心與初衷，讓他得以不畏艱辛地堅持下去。

顏師傅早已習慣周旋於各個媒體之間，為了取得顏師傅的信任，我花了很長的時間與他培養感情，而且當他繪製看板或開班授課時是無法分心接受採訪的，一開始並不順利。經過無數次訪談，加上我的父親幫忙「交陪」，才逐漸打開他的心房，也終於取得他的信任。我們一同前往他下營的老家，拜訪他的親人，到租屋處挑選作品，他還轉交一份親筆撰寫的自傳《顏振發畢生的奮鬥傳奇》。

在貼身觀察顏師傅後，發現他每次作畫都彷彿用盡全身的力氣，眼睛、頭腦、雙手、雙腳都處於緊繃的狀態，並且超脫到一種極度專注「無我」的境界。手繪技藝是一門苦行，他的職人生命就像是一則薛佛西斯神話。由於戲院看板可以重複使用，當懸掛在外牆上的電影下檔撤下後，顏師傅必須塗上灰漆，像是橡皮擦一樣，一次又一次地把舊有的海報刷掉再畫，就像薛佛西斯將巨石推上山頂後又滾回山下，永無止盡又徒勞無功。

細看每面看板，便可發現前幾幅海報的痕跡。拜當今數位攝影與社群媒體之賜，以及全美戲院將他的看板作品轉換為明信片，他這幾年的作品得以用不同的形式保存下來。在口述過程中，顏師傅不斷感謝全美戲院提供他揮灑的舞台，還有吳俊誠經理與夫人林淑惠於公於私對他的照顧，他總是說道：「沒有他們，就沒有今天的自己。」

《大井頭畫海報》的出版也是一個階段性的整理，期望未來有天能幫師傅舉辦一場盛大的回顧展覽。這本書能夠順利完成，首先要感謝顏振發師傅、吳俊誠經理與林淑惠夫人對我的信任與幫忙，還要再次感謝今日．全美戲院全體同仁與吳家三代在兩年間慷慨給予我的關愛。

這本書同樣由遠足文化龍傑娣總編輯策畫出版，感謝她一路上給予提點與編務上的支持。還要感謝國立臺灣師範大學臺灣史研究所蔡錦堂教授，對於我的書寫指導與審定。在籌備出版期間，感謝我的父母——王輝益先生與許惠蓮小姐，以及兩個妹妹——王怡文與王怡雅在精神與物質上的支持，甚至是田野調查上的協力，希望沒讓您們失望。

在此要特別感謝攝影藝術家陳伯義先生，不辭辛勞地貼身拍攝，從全美戲院到顏師傅陪伴我一路拍攝，以自身的專業為重要的歷史留下記錄。還要感謝張沛齊、高敏淑兩位朋友在拍攝上的協助，以及魏德聖導演、許承傑導演、江振誠主廚、方序中總監、吳東龍先生、藍祖蔚董事長、林志明教授、林育淳館長、孫松榮教授、徐明瀚老師、聞天祥老師、李光爵老師、但唐謨老師、臺南市政府文化局葉澤山局長與同仁對於本書的推薦與支持。最後要感謝國家藝術基金會的藝文補助，提供給我充裕的資源，完成相關的調查研究。

《大井頭畫海報》是大井頭系列的第二部曲，這口井牽引著我穿梭於全美戲院和顏振發師傅，深入探究赤崁周邊與臺南城市的歷史。一口井、一間老戲院、一位畫師與一座城市是我寫作的起點，期待未來能夠持續下去。

與手繪看板初相遇

看板之前，撿起戲尾

新的一天隨著太陽如常升起，旅人的行腳再度來到臺南府城，在瘟疫蔓延的天空底下，戴上口罩，同樣以赤崁樓為旅程起點。一旁的赤崁文化園區開發工程挖掘出層層疊疊的歷史遺址，彷彿想一同共襄盛舉，這座城市準備迎來的「建城四百年」大型慶典。

在熟悉的路線上向前走，走在赤崁樓前方綿延的紅磚步道，行過祀典武廟朱紅的山牆，兩旁繡莊裡刺繡上的諸神光彩閃耀，庇護著這座城市免於災禍，風調雨順、平平安安。古街上一如往常地安靜，民權路與永福路的車流熙來攘往，大井頭仍在孔蓋下安然佇立於原地，過去旅人總是視而不見，現在行經時總會多停留一會，關心井水是否乾涸，飲水思源，感謝她帶給這座城市幾世紀的富庶。

大井頭的水汩汩流過數百年，分寸光陰與大井旁全美戲院內的電影時間同步，從開演到散場，光影之流相互交織著。在這間「兩片同映，一票價」的二輪戲院裡，燈滅燈亮，電影一檔接著一檔，從《臙脂虎》（*The Loves of Carmen*, 1948）演到《孤味》（二〇二〇），撕下票，看戲的人從戰後流轉至當代，在大廳裡不斷來回進出。

左圖：顏振發所繪製的《孤味》電影手繪看板（攝影：陳伯義）
下圖：2021 年初的全美戲院（攝影：陳伯義）

春節鉅片
金馬獎
最佳女主角
陳淑芳・徐若瑄
缺席的人 是她們不能觸碰的心事
雙雙對對
孤味
相揪作伙
今日戲院
今天放映

時間不斷交錯輪轉。隨著黑夜轉為白晝，外頭售票口上方的場次表刊登著日場到夜場的時刻表。旅人在對街仰望，懸掛在戲院外牆上的四大幅手繪電影看板，上頭滿是當期上映的手繪看板，似曾相識的電影海報，猶記得幾個月前才在百貨公司的影廳內見過，現在等比放大，展示在這座老戲院的立面上頭。

這間二輪戲院像是一座時間的幻象館，一張張手繪看板彷彿層層疊疊的記憶拼圖，每次經過看到的又是新的一片風景，海報一面換上一面、檔期一回交替一回。一部電影標示著一個年代，以照片存檔的看板，在多年之後可以電影索引出對應的時間，喚醒旅人那段與全美戲院相遇的回憶。

站在對街的騎樓下，身旁有一位忙碌的職人，他穿著素色襯衫，上頭沾滿了顏料漬，微微駝背著，靜默地坐在比他自己還高大的看板前。飽和的灰色打底是他準備恣意揮灑的畫布，手邊一手握著一張A3大小、數位影印的電影海報，上頭滿是以原子筆打好的方正格子，另一隻手緊握著粉筆，慢條斯理地打底、畫框。

板凳周圍圍繞著五顏六色的油漆桶，他時而微蹲、時而思索，躲在陰影下繪畫，彷彿時間並不存在。

顏振發在全美戲院對面騎樓下專注打稿（攝影：陳伯義）

他沉浸於創作的世界裡，當白色粉筆描好輪廓後，他手握筆刷、沾上顏色，逐步展開一幅作品完成的旅程。這位認真作畫的職人是本次故事的主人翁，鎂光燈追逐的焦點——顏振發。

這回旅人不當過客，而是要在這間戲院短暫停留，上一堂為期四天的手繪看板研習課程，像是過去帶著束脩，向顏師傅拜師學藝。但在提起畫筆之前，我們先來撿起「戲尾」，跟隨顏師傅的腳步，穿越天台上的四塊看板，遨遊在屬於他與手繪看板的歷史裡……

與電影飄洋過海的海報

穿越看板之前，我們回到永福路與民權路交叉口處，望向路面下的大井頭。在遙遠的過去，前方是一面汪洋的台江內海，今日則因為乾旱時節，裡頭無水，只有一團漆黑，往黑暗處潛入，通往一九三二年。

對照《台南市職業別明細圖》，其中可看見本町與大宮町街上不只有布行與服飾店，還有相當多元的商店林立。漫遊者可以在道路上逛街買貨或瀏覽商品，全美戲院現在的所在位置在當時可能是一間「制文堂」，推測類似今天的印鋪，客人可在此訂做手

描好輪廓準備上色的看板底稿（攝影：陳伯義）

工篆刻印鑑。走向大宮町一丁目，對面的「林惟興硝子店」則是專門製造玻璃鏡板加工，作為營業廣告使用，與今天顏振發的手繪電影看板工作室有著劃時代的疊合。

再將時序推前至二十世紀初。廣告牽動著臺灣島嶼商業的現代化歷程，電影也在有「臺灣電影推手」之稱的高松豐次郎推廣下展開一場開拓之旅。最初他以宣傳教化方式在臺巡迴放映，然後逐步設置現代戲院，發展娛樂事業，而奠立了臺灣最早的電影放映與發行制度。在一九〇八年到一九一〇年間，從最北的基隆到最南的高雄鳳山，共建造了八座戲院，於是電影從新興媒體搖身變成島上的大眾娛樂。

海報也隨電影飄洋過海來到臺灣之島，只要電影所在之處，就能看見電影海報的身影。「海」是四海、「報」是通報，就特性來看，海報有向四面八方告示與傳遞訊息之意。海報英文的「Poster」是從「Post」轉用而來，名詞解釋上為柱子、標竿、豎立於公共場所的大木柱等字義，動詞則有公布、告示、貼於柱上等意思。

在史前時期，原始人類在無語言文字之前，就會依靠手勢、圖像、結繩與聲音傳遞訊息。海報最早的雛形出現在巴比倫王朝《漢摩拉比法典》（*Code of*

1932 年《台南市職業別明細圖》，箭頭處所指的「林惟興硝子店」專製廣告用的玻璃鏡板，現為顏師傅的工作室。

Hammurabi），石柱上刻有漢摩拉比從太陽神手中接過權杖的法典告示。目前現存最早的海報單是在古埃及底比斯古城遺址中發現的，三千年多前一則繪於莎草紙上的尋人廣告啟示，內容是關於追捕逃跑的奴隸即可獲得懸賞獎金。

《漢摩拉比法典》石碑頂端浮雕。（圖片來源：維基百科）

朱爾斯・切雷海報作品。（圖片來源：維基百科）

海報的問世與普及，歸功於造紙術與印刷術的發明，兩種技術皆起源於中國，傳入西方後歐洲人不斷改良，十五世紀中葉德國古騰堡（Gutenberg）發明了金屬活字版印刷術，擺脫過去的手抄傳統，此技術後來被教會廣泛用於印製傳教書籍。十七世紀，東印度公司為宣傳公賣制度，開始印製宣傳海報，各式以商業廣告設計為主的海報日漸盛行。

直到十九世紀中葉以後，工業革命促使印刷技術再度升級，石版印刷術的革新則又提升了大量印刷的速度，過去以文字為主的單色海報開始走向有各式圖像的插圖彩色海報，才促使現代海報藝術的興起。

阿爾豐斯．慕夏，《吉斯夢妲》（*Gismonda,* 1894）等作品。（圖片來源：維基百科）

海報除了成為商業活動重要的宣傳媒介，也使得海報藝術家、平面設計師、字體設計師、印刷技師等職業身分的出現，而展開各種藝術形式的創作。

海報藝術新浪潮

法國藝術家朱爾斯・切雷（Jules Chéret）將他在英國學到的彩色石版畫技術帶回到法國，更為輕便且隨手就能在石板上進行作畫。一八六七年，他以馬戲團海報作為發想靈感，為巴黎劇院設計首幅顏色大膽、線條靈活、人物富有戲劇張力的海報，並開始一系列劇場、娛樂活動的海報設計，數量高達上千幅，因而有「現代海報之父」之稱。

同個時代還有為人熟知的阿爾豐斯・慕夏（Alfons Maria Mucha）、羅特列克（Toulouse-Lautrec）、金・塞繆爾・格拉塞（Eugene Grasset）、泰奧菲爾・亞歷山大（Alexandre Steinlen）等藝術家也都爭相投入，以藝術手法創新海報設計。大約在一八九〇至一九一〇年代，這波海報熱潮與整個歐洲掀起的「新藝術運動」（Art Nouveau）並起，他們丟棄過往時代的包袱，迥異於學院派的傳統風格，以創新的藝術風格且具國際性的設計置放在一張張海報紙上，更具時尚感與裝飾性。

1908 年路德維希・霍爾溫設計的香菸廣告海報（圖片來源：維基百科）

1908 年朱利葉斯・克林格設計的燭台海報。（圖片來源：維基百科）

JAMES MONTGOMERY FLAGG
I WANT YOU
FOR U.S. ARMY
NEAREST RECRUITING STATION
COPYRIGHT, 1917, LESLIE-JUDGE CO. N.Y.

在世紀的交會點，「新藝術運動」成形不久之後，一九〇〇年初德國出現「海報風格運動」（Plakastil），不同於新藝術的張力風格，設計上以極簡的圖像與色彩，加上鮮明的文字來達成商業宣傳目的。這個運動代表設計師有路德維希．霍爾溫（Ludwig Hohlwein）、朱利葉斯．克林格（Julius Klinger）、漢斯．魯迪．爾特（Hans Rudi Erdt）等人，揭示了現代主義設計的前奏。

二十世紀初多樣的藝術潮流影響著海報設計的發展，如立體主義、達達主義、未來主義、超現實主義等文化思潮交互作用。當第一次世界大戰爆發後，戰時的募兵海報成為平面設計的大宗，分別有藉象徵圖像進行強烈表達的表現主義，以及喚醒愛國情操的寫實主義為兩大路線，海報呈現出當時代的社會氛圍。

前者以德國威瑟（Yupp Wiertz）設計的「捐出妳的長髮」為標語的海報作為代表，表達戰時別再浪費時間在頭髮上，一起以行動備戰；後者美國插畫家詹姆斯．蒙哥馬利．弗拉格（James Montgomery Flagg）有以山姆大叔為主角的系列徵兵海報，其中就以用手指向觀者，直接指示「我要你為國家入伍」（I Want YOU for U.S. Army）最廣為人知。

詹姆斯．蒙哥馬利．弗拉格設計的徵兵海報（圖片來源：維基百科）

正當歐洲新藝術海報浪潮的風起雲湧之際，一八九五年臺灣成為日本的殖民地，日本將內地明治維新努力學習西方文化的成果帶入島內，從制度、器物、觀念、飲食……幾乎涵蓋生活各層面，從而啟動了臺灣近代化與商業化的發展，這時海報在臺灣也成為商業廣告、政令宣導的最佳利器。

臺灣總督府為了宣揚殖民治臺的成果，而仿效西方的萬國博覽會，在臺舉辦大型展覽活動，作為「殖民臺灣」的國力展現。從一九一六年的「臺灣勸業共進會」、一九二六年的「中部臺灣共進會」到一九三五年的「始政四十周年紀念臺灣博覽會」，後者是臺灣史上最大型的博覽會活動。

日本與世界博覽會的歷史悠遠。日本首次參與的是一八六七年巴黎世博會，當年浮世繪、園藝、茶葉濃濃的東洋文化風靡全歐洲。一八七三年（明治六年），維也納舉辦萬國博覽會，當年日本派遣代表團參加博覽會，希望學習西方新穎的科技，其中陶磁技術官納富介次郎將博覽會「Design」的理念創造出「圖案」一詞，隨後日本大學陸續成立「圖案科」，逐步展開設計教育。

博覽會是集結各式文化、科技與國家力量等各種生

1935 年「始政四十周年記念台灣博會」會場鳥瞰圖（圖片來源：維基百科）

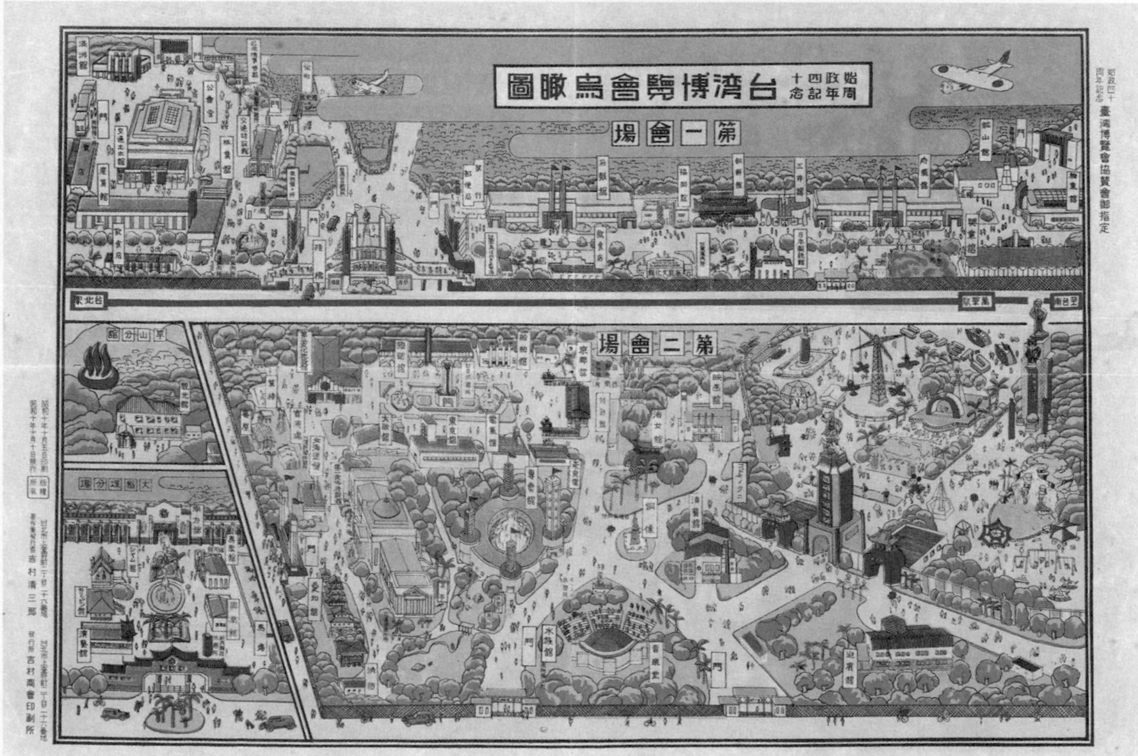

活範疇的大型展覽，也是倡導正面與未來前瞻主題宣言的大平台。在這個熱鬧非凡的會場中，各方無不運用強烈的視覺元素與媒介傳達訊息，爭取現場觀眾的目光。

在「始政四十周年記念臺灣博覽會」中，臺灣總督府為了展示日本治理臺灣成果的宣傳，投注了大量的宣傳預算，而印製了各式文宣品，如鳥瞰地圖、明信片、紀念戳章、邀請卡、摺頁、手冊等，當然還有活動海報。當時在縝密的活動策劃下，採取三波的海報露出宣傳，前兩張海報都由塚本閣治設計，分別以香蕉樹、廟宇、總督府與白鴿作為設計元素，第三張海報則以公開徵件方式，最後由藤佐木繁設計，一張高舉展覽會館的金黃色臂膀為主視覺的海報獲得首獎。

「扛棒」在哪裡？

海報作為政策宣導、商業廣告與資訊傳遞的重要利器，電影海報是觀眾觀看電影的第一道介面，吸引著人客買票進場，一探究竟。一張平面上頭交會著電影、廣告、海報、美術、設計等各種西方視覺產物，隨著電影在臺灣普及，逐漸成為島民重要的娛樂媒介，日本原裝的海報也隨片飄洋來台。

1935 年塚本閣治設計的臺灣博覽會宣傳海報（圖片來源：維基百科）

當現代戲院跟隨著電影商業化一一建置，位於末端的映演事業也構成一個產業鏈。從電影放射出來包括報紙廣告、電影海報、本事簡介、踩街放送等各種型態的宣傳方式也在島上誕生，其中手繪電影看板也是在這樣的背景一同出現。

日本第一家電影放映常設館「電氣館」在一九〇三年開設，位於東京淺草。現存一張一九一四年的老照片記錄下戲院正上演著義大利史詩默片《安東尼與克麗奧佩托拉》（*Antony and Cleopatra*, 1914）的首日。戲院外人山人海，把街道擠得水洩不通，而建築物外觀則包覆著多幅懸掛在上頭的巨幅電影看板，出入口樹立了幾張直式的廣告詞看板，場面相當浩大。可見一九一〇年代全球掀起默劇熱時，各地的劇院都會聘請繪師繪製新片海報，期望攫取觀眾的目光。

對照李火增在日治時期拍攝的幾張臺灣戲院的照片，可以看見相同的宣傳配置出現在日後的臺灣。一九三〇年代的臺北西門町上頭有三間大戲院：橢圓公園前的「新世界館」，在一九二〇年落成，同個位置為今天捷運六號出口的新世界大樓，上頭有真善美戲院；沿著西門町往西走，可以找到一九三六年開幕的「大世界館」，原址就是今天的星聚點；斜對面是一九二四年開幕的「芳乃館」，也就是位在今天成都路上的國賓大戲院。

1914 年東京淺草「電氣館」放映《安東尼與克麗奧佩托拉》首日（圖片來源：維基百科）

義大利史詩默片《安東尼與克麗奧佩托拉》電影海報（圖片來源：維基百科）

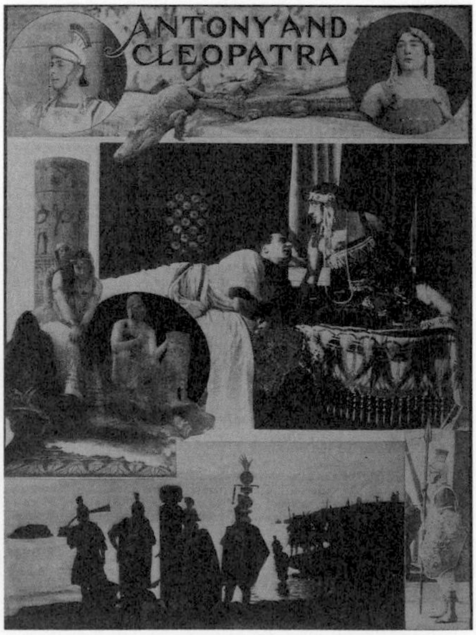

若將視角先放在「新世界館」，在戲院與隔壁的「高砂食堂」間有一大面橫幅的看板牆，上頭的電影廣告是出自「大世界館」，而照片上頭的電影廣告是一九三八年由東寶電影公司所發行的《世紀の合唱愛国行進曲》，左側邊則有舊世界館之稱的「第二世界館」的看板牆，戲院原址位於今天的昆明街上。另一張照片則攝於約一九四〇年初，看板被切割成「大世界館」所上映的多部直幅電影廣告，同樣地側邊貼著「第二世界館」，在上橫幅出現「祝皇紀二千六百年」的賀詞，右側則有提醒路人「保密防諜」的警示招牌。從街道布置可感受到戰時的皇民化運動與提倡愛國精神的氛圍。

沿著廣告看板，往西門町向西走，可以抵達真正的「大世界館」。跟著一群臺北高校學生來此看電影，放映的是一九三七年由東寶映畫公司發行的《怒濤を蹴って—軍艦足柄渡欧日誌》，講述足柄號重巡洋艦的戰爭故事。在戲院外頭仰望一看，一幅由木板製作的浩大軍艦在波濤海浪上前行，上方掛著大日本帝國的旗幟，動態感十足，做工精細令人嘆為觀止。

時間切換，來到休閒的正月時節，陽光和煦，西門町街道充滿著悠哉的漫遊路人與單車騎士。幾位穿

李火增，《金秋》，攝於臺北西門町一丁目（臺北，成都路）。（李政達收藏，夏門攝影企劃研究室提供）

李火增，《聚客》，攝於臺北西門町「新世界館」前（臺北，漢中街、成都路）。（李政達收藏，夏門攝影企劃研究室提供）

李火增，《休閒遊》，攝於臺北西門町二丁目（臺北，成都路）。（李政達收藏，夏門攝影企劃研究室提供）

著和服端莊的女子站在「大世界館」的亭仔腳下，閒話家常，可能在談論著剛剛看完的電影。望向斜右對角，「芳乃館」側邊也懸掛著正在放映的電影看板，或許還可到對面趕上下一場電影。

我們將視角從西門町轉向大稻埕。一九四二年擴大舉行的「臺灣神社祭」祭典遊行來到太平町，神輿和人潮來到德記商店前，在商號底下的門口一側可見置放了西門町「國際館」（今萬年商業大樓）的電影海報看板，向大稻埕來來往往的商人與過客打廣告。

看板的台語唸作「扛棒」（Kan Ban），由日語「かんばん」而來，是臺灣熟悉的日常語彙與常見的街道風景。這樣的轉譯可看到看板文化從日本內地移植到臺灣島內的過程。一幅幅巨大的廣告招牌懸掛上戲院建築外牆，成為新興商業區內最醒目的景象，也是島內人民抬頭仰望最新鮮的奇觀經驗。

除了大型的手繪與手工海報看板，我們還可發現戲院門口或騎樓處則貼上手繪電影海報，或工整地置放手寫筆劃的廣告詞看板。小張海報與巨幅看板一個主內、一個主外，不同尺度的廣告相互輝映，招攬觀眾來看戲。

李火增，《1942 年臺灣神社祭》，攝於臺北太平町（臺北，延平北路、南京西路口）。（李政達收藏，夏門攝影企劃研究室提供）

這樣的廣告配置一直延續到戰後臺灣。攝影家李火增同樣來到西門町圓環邊，跨越至五〇年代，「新世界館」轉手變成中國國民黨的「新世界戲院」，上頭的看板逐漸鋪滿整個建築外觀，日文看板變為中文字，並懸掛著反共標語。一九六七年，「新世界戲院」原址改建為八層樓高的「新世界商業大樓」，由姚元中設計、天壇營造廠承造，整棟建築物由鋼筋混凝土造成，立面外牆包覆著巨幅手繪電影看板，成為西門町重要的城市記憶，而後則以廣告電視牆取代。

這樣的時代輪轉同樣也出現在各時期的臺南全美戲院。不同的是，今天的全美戲院仍保存著舊時代的看板配置，建築體被大大小小、五花八門的電影文宣層層包覆起來，成為戲院現成的裝飾物，和諧而自成一格。

全美戲院的外觀立面鋪滿四大幅由顏振發手繪的電影看板，佔據戲院二到三樓的外頭面積。另外下方三分之一是由四根柱體支撐出的載客空間，立柱四面都成為現成張貼電影文宣使用；面向路邊一側是直書訂製的電影廣告燈箱，側邊則是張貼當期放映的海報布告欄。再往內部一層，除了售票亭和放置明信片的本事櫥，其他空間皆貼滿片商現成的數位印刷海報，與上頭手繪看板形成有趣的對比。

1954 年，來臺美國海軍拍下世界館對面的赤崁戲院，當時正在上映的電影為米高梅出品的《龍種》（*Dragon Seed*, 1944）和日本片《女性之聲》（1953）。日治時期的「戎館」在戰後改名為赤崁戲院，1961 年結束營業。（圖片來源：David Putnam）

全美戲院的外觀由各種電影文宣品包覆而成（攝影：陳伯義）

手繪看板的前輩們

巨大的電影看板畫面源自於一張張海報原稿，二戰後好萊塢電影公司開始將印刷海報輸往全球。海報跟著電影從歐美與日本原裝來台，直接套用原裝設計，而後將廣告的文字從外文翻譯成中文，但也有因為認為原版海報不夠吸引人，而請臺灣本地繪師重新設計而成的。

後來臺灣開始有自產的國臺語片風潮，電影產業也需要屬於臺灣自己的電影海報設計，海報畫師與設計家逐漸成為的專業職業。當時電影公司會委託相關廣告社或是畫坊製作電影海報與看板，因此這些公司培養了許多專業畫師，像是知名的手繪海報畫師陳子福。

在陳子福的傳記中，提及最初他曾短暫於白天賜所經營的「白日畫房」畫過廣告看板，一九四七年到國泰影業工作，主動修繪《血濺櫻花》（一九四五）電影海報，完成他人生中第一張海報，並且一炮而紅。後來大同電影公司老闆柯媽媽委託他製作四十多部電影海報，他因而展開職業海報畫師生涯。他回想當時自己仍是新手，而業界早已有十多位前輩，他只能算是「業餘」。

全美戲院對面騎樓下的鐵皮門，是顏振發現成的招生與宣傳用的公布欄。（攝影：陳伯義）

從這條線索可以發現，日治時期商業活動興起，手繪海報、看板與招牌成為廣告社服務的一環，在那個還沒有正規的廣告代理公司的年代裡，這些廣告社成為臺灣廣告業的雛形。戰後一九五〇年代末，臺灣的經濟逐漸復甦，工商活動蓬勃發展，幾間與設計發展有關的廣告公司如雨後春筍般成立，如一九五九年溫春雄成立了東方廣告社、一九六一年同時出現國華廣告公司與台灣廣告公司，廣告設計與美術在產業和學院裡的應用也相繼建制化。

這樣的過程在金都美術廣告公司董事長陳王根先生以前的專訪中也提及，一九四六年出生的他，因為從小喜愛看漫畫進而引發他對繪畫的喜愛，但因為家境困頓，國小一畢業就到畫坊和廣告公司當學徒，學習畫廣告看板。他在因緣際會下到金峰廣告任職，承攬許多戲院看板的繪製。後來他在電影產業累積了足夠資歷與人脈，而有機會成立金都廣告設計公司，除了承接手繪電影看板，也開始製作電影手繪海報。

這段在金都廣告的記憶，也留存在至今仍苦心經營臺南麻豆戲院的錡清祿的腦海中。自一九七三年起，他開始在西門町桂林路的金都半工半讀，他的業務主要是廣告印刷、海報設計與戲院布置，業主包括國賓、獅子林、欣欣等多家戲院，從此他與戲院結

顏振發除了手繪看板，顏振發也時常進行手作美工，這都是從過去年輕時習得的手工藝。（攝影：高敏淑）

下不解之緣。一九九八年，他開始接手虎尾白宮戲院，兩年後又承接麻豆戲院，一直經營至今。

早期臺灣手繪電影看板和海報的文化，與廣告社在臺灣的發展有著緊密的關聯。從美術史的角度看，早期許多大型電影手繪看板來自一間間美術社與畫坊。許多畫師為習得一技之長，在低工資又高競爭的生態下，大多數畫師仍秉持著對繪圖的興趣堅持下去，期待有朝一日能真正成為藝術家。

在陳子福的記憶裡，臺北就以他曾經待過的「白日畫房」、王水金經營的「東和畫房」最為有名。另一位看板前輩簡錫欽出生於日治時期的桃園大溪，早年曾在東京多摩美術學校學習。戰後初期他回到臺灣，適逢電影看板行業蓬勃的年代，他加入「天龍畫房」，承接中央製片場各戲院的看板，也成為他後來創立金藝廣告社的契機。在《出神入畫》紀錄片中，簡錫欽提及過去曾為萬國戲院繪製看板，工作室位於中央市場附近。

曾擔任三重鎮長的洪水塗，是政治家也是藝術家，但很少人知道他曾經是電影手繪看板師，曾在三重重新路市中心內開設東海畫社，專為三重戲院製作看板與吊掛。在電影黃金盛世時，工作應接不暇，在地的金都戲院、三重戲院、大明戲院、天台戲院

顏師傅進行手繪看板工作時的工具配置（攝影：陳伯義）

等都是他們的客戶。後來洪水塗因從政而逐漸淡出看板事業，由他底下的畫師簡國清、李國明傳承東海畫社。

臺南著名的民間彩繪大師潘麗水善於繪製門神、壁畫，他曾短暫轉行為戲院繪製廣告看板。在日治時期皇民化運動期間所發動的「寺廟整理運動」、「鋤佛運動」，讓臺灣傳統寺廟對於宮廟彩繪的需求大量降低，像潘麗水這樣的畫師因生計受到影響，戲院的廣告看板便成為他們賺錢養家的途徑。

在一九四〇年前後，他先後為戎館和宮古座繪製海報看板，雖然只是兼差外快，但可精進彩繪畫工。因為壁畫與看板都講求畫面的構圖經營，在人物、動作、場景的調配上可相互轉換變通，還有對於色彩的掌握度，這樣的看板手繪經驗影響了日後他對大型壁畫的施作。

全美戲院收藏歷年放映的海報是顏師傅作畫的現成素材。（攝影：王振愷）

顏振發的生命小史

「我要一直畫到青瞑看不到為止。」——顏振發

看板一：從前有個愛畫畫的男孩（一九五三—一九六五）

眼睛是靈魂之窗。通往真實界的一道井口，黑逐步轉白，暗漸漸明亮，包羅萬象、五彩繽紛的花花世界，正等待著被探索。不過人在出生後，視覺是所有感官中最晚成熟的，卻是最深刻的記憶所在。

來自顏水龍的大家族

時序來到一九五三年。二戰後不久，人們暫時揮別戰火肆虐、躲空襲的日子，免於害怕與恐懼。睜開雙眼，人間處於修復階段，臺灣還來不及喘息，就面臨政權移轉的動盪。黑暗裡有微光，善良的島民刻苦勤奮、無怨無悔，攜手修復這塊受傷的土地，篳路藍縷，開啟山林。

在這座如溫暖搖籃和母親懷抱的美麗島嶼，面向光明的盛世，湧來了一波戰後嬰兒潮。臺南下營的農村裡，一雙剛出世的眼睛正奮力睜開，想看看這個包羅萬象、令人目不暇給的大千世界。他的第一眼是一束清澈透明的白光，逆著光，他奮力揮舞著雙

左圖：顏振發的自畫像（攝影：陳伯義）
下圖：顏振發在顏水龍紀念公園與顏水龍銅像合影（攝影：王振愷）

顏振發
2018.12.26.

手，想抓住一絲一毫，卻像是夢中裡的白色蝴蝶，永遠只是幻影。

這雙敏銳的眼、好動的手是屬於初來乍到的小男孩，他被取名為顏振發。從名字上的字義來看，「振」意味著以手奮起揮動，「發」有交付、開展、闡述之意，似乎注定他未來將以揮動畫筆作為一生志業，也作為他向這個世界表達的途徑。而他的姓氏「顏」則標誌著他所來自的地方，出生於下營紅甲里，與臺灣工藝之父顏水龍（一九〇三－一九九七）來自同一宗祖與同一聚落。

兩人都是來自下營的顏氏宗親，不過年紀相差近半個世紀。一位出生於日治時期，一位出生於戰後，他們素未謀面，卻不約而同地走上繪畫的藝術人生。前者的畫筆為臺灣風土與原民文化留下重要的記錄，後者的畫筆則跨世代為電影世界保存手繪看板的藝術，卻在不同的時空情境下帶領學徒，為傳統技藝與臺灣工藝進行傳承。

顏水龍出生於下營紅毛厝，下營在日治時期隸屬於臺南州曾文郡下營庄下，村裡有口紅毛井，相傳荷蘭人曾在此駐紮。幼時父母先後離世，顏水龍由胞姊與祖母扶養長大。一九一六年他從下營公學校（今下營國小）畢業，隨即接受兩年的教員養成訓練，

顏水龍所設計的工藝品展示，翻攝自北師美術館「穿越人煙罕至的小徑」展覽。（攝影：張沛齊）

而後分發到母校任教，那時他才十五歲。在同事的鼓勵下，顏水龍在十七歲時決定進入日本東京美術學校西畫科習畫，接受岡田三郎助、藤島武二的教導，奠定專業的繪畫基礎，而他參與畫會也陸續在臺展入選與獲獎。一九三〇年，他搭上西伯利亞鐵路，穿越歐亞大陸，遠赴法國巴黎習畫。

除了繪畫藝術的成就外，在那個還沒有所謂「文創」的時代裡，顏水龍可說是跨界斜槓的先行者，集畫家、工藝家、工藝推廣者、廣告設計師與馬賽克公共藝術家等身分於一身。他對每項技藝都奉獻其熱情，將其做到專精，並回饋給臺灣的大眾日常生活與公共美學。

一九三三年，三十歲的顏水龍輾轉從巴黎回到日本，先後任職於大阪赤玉葡萄酒廣告部與「株式會社壽毛加社」（SMOCA）牙粉公司設計廣告。從純藝術繪畫走向商業海報設計，在那個商業與藝術壁壘分明的年代裡，在他的廣告海報中有他妥協的結果。從留下的廣告作品中，可看到他運用鋼筆速寫筆法、油彩繪畫的技法，結合單格漫畫的形式，創造出獨特的「顏氏鐵線風」，幽默的廣告詞相當吸睛。從廣告的圖像可以看到一九三〇年代他在東西文化交錯的生活剪影，如巴黎的留學街景、日本武士與藝伎、臺灣傳統的中式婚禮等。其中也有不少原住民

顏水龍為太陽堂設計餅盒之展示，翻攝自北師美術館「穿越人煙罕至的小徑」展覽。（攝影：張沛齊）

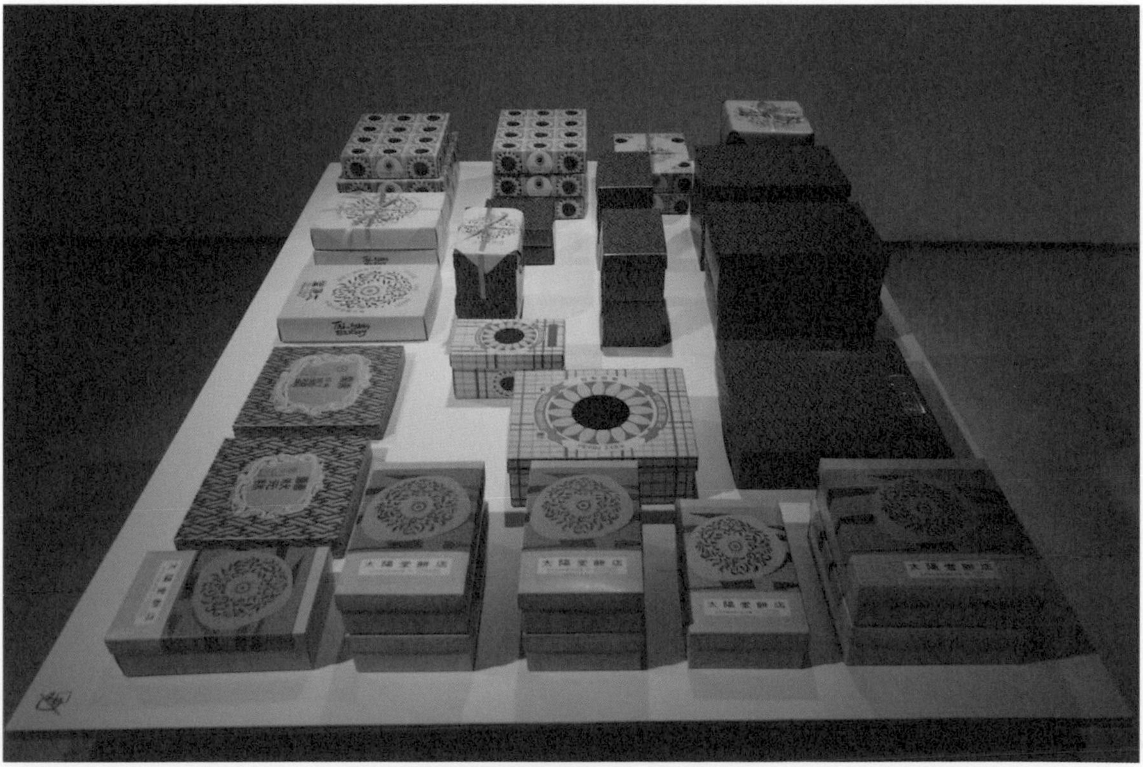

與原始文化的圖像，反映了顏水龍的「業餘人類學家之眼」融合於其圖像應用及創作的題材。

一九三五年，為配合臺灣總督府舉辦「始政四十週年紀念博覽會」，顏水龍特別返臺協助籌備工作。他首次在蘭嶼展開臺灣原住民文化的調查，帶著虔敬的心與蘭嶼、三地門等地原住民建立起深厚的友誼，也為這些朋友留下許多肖像畫與人文畫。從隔年開始，由於對臺灣土地的愛與使命感，他頻繁往返於臺日之間，目光也擴及手工藝。他覺悟到要推廣純藝術，就必須先奠立與生活相關的美化工程，於是他著手進行臺灣工藝品的蒐集與調查並擔綱工業化指導之重任，進而引入德國包浩斯與日本民藝教育，期盼能提升國民的文化美感。

一九四〇年，顏水龍正式辭去日本的廣告工作，返回故鄉，跨過戰時，一直走到一九六〇年。二十年間，他展開以推廣與振興臺灣工藝為己任的旅程，一開始與官方合作組織工藝學校、研究班、合作社和推廣中心等各種型態的組織，並於一九五二年集結過去考察的成果出版了《臺灣工藝》一書，藉由制度與論述，讓「臺灣之美」能夠世代傳承並廣為流傳。

顏水龍畫作《蘭嶼印象》，翻攝自北師美術館「穿越人煙罕至的小徑」一展。（攝影：張沛齊）

亭仔腳下長大的男孩

素有「藝術家的故鄉」之稱的臺南下營，這塊寶地地靈人傑，擁有相當深厚的歷史。從目前挖掘出的西寮遺址，遙想史前時期開始西拉雅平埔族在這一帶活動，但真正有歷史的記載得回溯至撰寫於荷蘭統治與鄭氏時期之間的《梅氏日記》，當中記載到麻豆與哆囉嘓（今東山區）之間有條「茅港尾」（Omkamboy）溪，茅港尾是下營最早的名字。

明鄭時期，鄭成功部將劉國軒來到此地駐兵屯田，這時臺南下營名為「海墘營」。由於此地面臨倒風內海，茅港尾成為民間商船往來中國、位處諸羅（今嘉義）與府城（今臺南市）的主要官道中心，逐漸成為商貿往來頻繁、官商雲集的海港街鎮，以及人文薈萃之所在。下營也是顏氏宗親開枝散葉的落腳處。明崇禎三年（一六三〇），顏氏先祖從中國福建東山島抵達臺灣，在今天臺南永康一帶定居；到了清初康熙三十九年（一七〇〇），顏世賢之孫顏玉文舉家族搬遷至下營紅毛厝、甲中庄等地，也就是顏水龍與顏振發的故鄉。

回到顏振發的生命起點，中庄仔的第一號門牌就是他的家。中庄仔位於紅毛厝的東北方的鄰庄，小男孩的童年時光在阡陌田野與閩南磚厝之間度過，青

顏振發與家鄉古厝的合影（攝影：王振愷）

中庄仔的一號門牌是顏振發的老家（攝影：王振愷）

顏振發指著大排訴說兒時的溺水經驗（攝影：王振愷）

綠與朱紅是他記憶中最深刻的顏色，這樣的生長環境給予他日後人生豐滿的想像力與創造力。

大地之母提供下營土地美麗的人文風情，但戰後的傳統農家仍舊相當困苦，資源有限的草地須供養許多人。顏振發家中有五個小孩，他排行老大，父母親靠賣魚、養雞維生，一大清早就從家裡外出批貨，再到家裡外邊柑仔店的亭仔腳擺攤販賣。微薄的收入養活一家人，也因為從小生活困苦，促使他養成節儉惜物的習慣，總是捨不得買新的。

外拓的屋簷以磚造柱子支撐，老家三合院的亭仔腳是顏振發童年的歇腳處。藍色的天際像是一大塊現成的畫布，變化萬千的雲朵是畫作中陸續登場的主角，天馬行空地部署在他的腦海中。三合院旁的農舍裡，親戚圈養著待販售的豬隻，後巷則有雞群與菜園。顏振發的童年充滿田園之樂，老家裡旁的大排是他現成的游泳池，他曾在這裡溺水，他憑著自己的意志力爬了上來，那段驚恐的經歷記憶猶新。

整個紅甲里都是顏振發兒時的遊樂園。穿越蜿蜒的小巷，站在十字路口，一邊是通往顏振發母校甲中國小的道路，另一邊的道路則可以從中庄子走到紅毛厝。現在這裡設置了顏水龍紀念公園，除了顏氏的生平展覽、經典作品選集外，園區內還有個樸實

古厝旁親戚圈養豬隻的豬舍（攝影：王振愷）

典雅的顏氏家廟，是顏氏宗親的精神中心。

這座宗祠的歷史可追溯到清康熙五十九年（一七二〇），當顏氏家族定居下營後二十年，開莊的先祖們倡議以茅草屋建家廟祀奉歷代先祖，作為懷念先祖與祈求保佑之用，並且復聖至春秋的顏回（攤開祖譜能夠發現顏之推、顏真卿等文人也都來自同宗祖），讓後世能夠追本溯源、飲水思源。目前的家廟為閩南祠堂建築，是日治昭和七年（一九三二）由在臺第九代出資合力改建，每年到了冬至都會在此舉行大型的祭祖儀式。

童年記憶中的戲院

當男孩悠遊地在下營農村四處走跳，度過窮苦但愉快的童年時光，每天走路到甲中國小念書，學習基礎教育、國語發音，閒暇時幫忙父母農務。在同個時空裡，早已離開家鄉下營多年的顏水龍，在一九六〇年後因看盡世道冷暖，離開苦心經營的工藝領域。

關上一道門，另一扇窗便為開啟。一年後在因緣際會下，顏水龍受建築師關頌聲遺囑的委託，在臺中市剛落成的體專體育館完成了他生平第一幅馬賽克

下營顏氏家廟門口（攝影：王振愷）

下營顏氏家廟大廳（攝影：王振愷）

顏振發與堂哥於顏氏家廟廳堂前合影（攝影：王振愷）

壁畫《運動》（一九六一）。這個浩大的工程需要巨大的耐心和體力，顏水龍帶領許多藝專學生共同製作，每個步驟與細節都全程參與。一開始他先擬好設計圖，並在上頭打上格子，以格放法將原本的草圖依樣放大到大圖上，接著以五百張全開紙拼接成與實際壁面的尺寸。

製作過程中須不斷站在高台上進行修正，在定稿後才能將不同顏色的瓷片依圖像排列上，上方附著一層黏著劑的紙片，依序分成圖塊並嵌入抹有水泥的壁面上，等到水泥乾掉後，再將外層的紙片撕開，經過清洗與擦拭，一大片細緻純手工的馬賽克壁畫便告完工。這次的馬賽克壁畫委託製作讓顏水龍的藝術歷程有了新的轉向。他將過去在繪畫、廣告、工藝等領域的專業技藝融合在這個特殊媒材上，形式上像是歐洲教堂裡的彩繪玻璃。也因為其廣泛被應用在建築裝飾上，在精神上延續了他所倡導「將美和生活結合而一」的公共藝術理念與實踐。

接下來幾年，顏水龍以馬賽克壁畫的製作開始與全臺許多店家、商號進行異業合作，也在私宅與公共建築進行美觀裝飾，陸續在嘉義博愛教堂完成《耶穌》（一九六二）、台中太陽堂餅店委製《向日葵》（一九六五）、臺北劍潭公園長達一百公尺巨幅的《從農業社會到工業社會》（一九六九）等。其中最

顏水龍馬賽克壁畫《從農業社會到工業社會》，復刻於下營顏水龍紀念公園。（攝影：王振愷）

耳熟是位在西門町的日新威秀影城內的《旭日東昇》（一九六六），二〇二〇年因為原址計劃改建為大型複合式商場，而將以切割方式保存下來。

太陽再度升起，下營以北極殿作為信仰與城鎮中心，隨鄭成功部將倡建於此，祭祀玄天上帝、開天炎帝。以此中心發展，廟埕周邊有傳統市場、熱鬧市街，還有在大眾劇場時代中不可或缺的戲院。在顏振發的童年記憶裡，下營小鎮裡有兩間戲院。翻閱《南瀛戲院誌》進行對照，其中提及只要詢問下營當地人關於戲院的問題，他們就會反問：「新戲院？還是舊戲院？」這也證實了過去下營確實曾出現兩間戲院，而且都是戲劇與電影兼營的綜合型戲院。

舊戲院是指成立較早、約於一九四七年開張的「下營戲院」，由陳振芳、陳火炎等人合資經營。戲院建築體以簡易的杉木為主，屋頂以黑瓦搭蓋，由於木製結構，觀眾行走時會發出窸窸窣窣的聲音，因此被迫如履薄冰地進出場。許多老下營人對這裡曾搬演過布袋戲表演最有印象，每當布袋戲團進駐，都會造成全村轟動，扶老攜幼、爭先恐後地來看戲。新的戲院指的是更廣為人知的「大新戲院」，這是顏振發年輕時經常光顧的戲院，位於北極殿廟前湖畔邊、下營傳統市場裡。一九六七年從原本的露天戲院轉型為獨棟大戲院經營，由駱煥宗及其家族經

左圖：每次回鄉顏振發都會到北極殿祭拜祈求（攝影：王振愷）
左頁：下營北極殿是鎮上的信仰中心（攝影：王振愷）

下圖：日新威秀影城內的馬賽克壁畫《旭日東昇》（攝影：龍傑娣）

營，在小鎮風雲一時，這樣的地方戲院提供了鎮民對電影的娛樂需求。在台語片全盛時期，不計其數的電影明星曾經在大新戲院隨片登臺，包括金玫、陽明、小戽斗等，這裡也曾上演過插片、歌舞團與牛肉場等戲碼，甚至連豬哥亮在喜相逢歌舞團的最後一場秀都在此閉幕。但隨著大環境的轉變，大新戲院在一九八八年正式歇業。

顏振發從小就喜歡看電影，國小時會特地從中庄仔騎腳踏車來到鎮上，潛入黑盒子裡，有時會像電影《風櫃來的人》（一九八三）中的男孩一樣，以「蹭票」、逃票的方式跟隨大人一起溜進戲院。他說記憶中銀幕上演的影片都很「霧煞煞」，常常眼睛看著看著就不舒服，可能是因為過去膠捲拷貝都是從首輪大城市開始映演，來到下營已經演過兩、三輪了，膠捲早已磨損殆盡。

看板二：進城習畫的少年郎（一九六六－一九七三）

在侯孝賢導演改編自黃春明文學作品《兒子的大玩偶》（一九八三）的同名電影裡，陳博正所飾演主角坤樹，從事村裡樂宮戲院的活動廣告一職。每天他都將自己的臉龐妝容成小丑，換上五彩繽紛的戲服，

並套上手繪海報與今天上映的場次表，扮演成「三明治人」，遊走於小鎮裡，用身體放送當期正在熱映的電影，自己就是廣告的化身。

跟著電影廣告一直畫

綠意盎然的田園、充滿農趣的村莊、模模糊糊的戲院、蓬華生輝的家廟……組構成這位下營男孩的兒時風景，圍繞在這些獨特的人文風情裡，潛移默化地觸發他從小對色彩、造形的敏感度，顏振發在國小時曾獲得繪畫比賽的獎項。甲中小學畢業後，顏振發在父母親的期望下，幸運地考上新營的興國中學，但在初中就讀一年卻因為身體不適而申請休學，在那個年代裡趁年輕趕緊外出賺錢更為實際，因此他在休養後就不再回到學校。後來由祖母的外甥引介之下，顏振發隻身離開家鄉下營，前往臺北學做西裝與裁縫，希望能習得一技之長。

沒想到他待在臺北一個月，不但什麼都沒學成，連薪水都沒拿到，因此一天三餐都只吃白飯、沒有蔬果，導致他的健康出問題。在壓力與水土不服等種種因素下，年僅十四歲的顏振發就被雇主以丟包方式送上貨運車。在一片黑壓壓的車廂裡，年幼的他瑟縮著，心裡想著總算結束了這趟出外打拚的驚魂

回到母校下營甲中國小（攝影：王振愷）

記，微光牽引著他走向回家的路。

臺北不是我的家，他終於回到臺南下營，但氣急敗壞的父親又請託朋友介紹顏振發到高雄學做車床。在沒有經驗的情況下，一次不小心手被高速旋轉的皮帶捲了進去，但神奇的是他竟然毫髮無傷，彷彿上天冥冥保佑一般。但這次驚恐的經驗又讓他黯然放棄學習車床的念頭，同樣一個月過後離開令他幻滅的港都。

茫然的少年郎再次回到下營家鄉，這雙被救回的雙手在因緣巧合下化成一雙畫電影的手。一天早晨，待業在家的他心血來潮，到家附近的柑仔店買了一份報紙，原本只是想讀新聞，順便翻找工作資訊，當他翻到電影廣告版面時，目光停留了下來，隨手拿張廢紙照著方格內的電影明星開始描繪，臨摹人物的一舉一動、一顰一笑……

報紙上一畝畝方正的電影田落在六〇年代下營的小鎮裡，少年顏振發與電影廣告初邂逅，其中隱含著多重臺灣西方文明的經驗。臺灣第一份報紙最早可推至清末長老教會牧師巴克禮，他將英國學成的印刷術與印刷機引入臺灣，一八八五年六月他在臺南創刊《臺灣府城會報》。來到近代，臺灣新聞事業體系跟著日本統治臺灣而揭開序幕，一八九六年六

在甲中國小操場上（攝影：王振愷）

月日治時期臺灣第一份報紙《臺灣新報》創刊，逐步改變島上傳遞新知與訊息的方式。

新聞依附在報紙上，於島民的眼界流通，紙面上頭還有琳琅滿目的廣告，跟著許多舶來品抵達臺灣，促發農村社會脫胎換骨，進入現代化的工商時代。就像是那輛進站的火車，見影不見人的「映畫」駛入島民的眼目，各種傳播媒介正急速改變臺灣人民的視聽習慣。

翻開日治時期的《臺灣日日新報》，在一八九九年八月四日刊載了西洋大幻燈於大稻埕左橫町城隍廟開演的廣告，並詳細記載時間與地點，上頭也寫著無論內地日本人或本島臺灣人都容易了解的廣告詞；同年九月九日的報紙以斗大的「廣告」二字為標題，刊載城內北門街的十字館將有美國愛迪生所發明的活動電機放映《美西戰爭》，讓觀者彷如身臨其境，沉浸在實戰的現場。一九一七年十月九日的報紙出現了更為正規的電影《卡比利亞》（*Cabiria*, 1914）的放映廣告，將於八、九二日在大稻埕臺灣新舞臺放映，座位分為三個等級來販售。

報紙、廣告與電影各式媒介集合在一塊塊電影廣告的版面上，在那個沒有網路的年代裡，成為觀眾獲知當天各家戲院播映影片與時刻表的唯一管道。而

《臺灣日日新報》的電影廣告

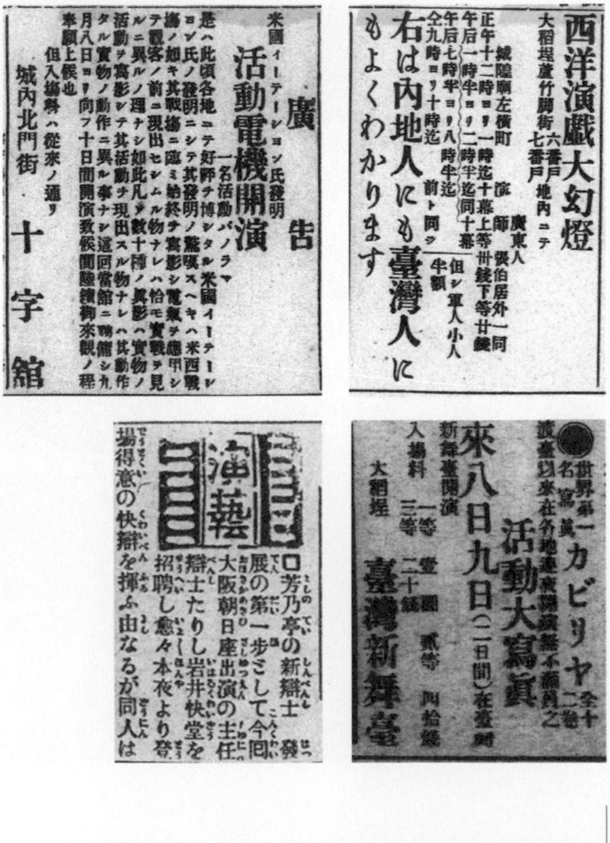

西洋演戲大幻燈
大稻埕蘆竹腳街六番戶七番戶地內ニテ
城隍廟左橫町
演師 廣東人 張伯居外一同
正午十二時ヨリ一時迄十幕 上等卅錢 下等廿錢
午后一時半ヨリ二時半迄同十幕
午后七時半ヨリ八時半迄
全九時ヨリ十時迄 前ト同シ
但シ軍人小人半額
右は內地人にも臺灣人にもよくわかります

廣告
米國イーヂソン氏發明
活動電機開演
一名活動パノラマ
是ハ此頃各地ニテ好評ヲ博シタル米國イーヂソン氏ノ發明ニシテ其發明ノ驚嘆スヘキハ米西戰爭ノ如キ其戰爭ニ臨ミ始終ヲ寫影シ電氣ヲ應用シテ觀客ノ前ニ現出セシムル物ナレハ恰モ實戰ヲ見ルニ異ルノ理ナシ如此凡ソ數十種ノ寫影ハ實物ノ活動ヲ寫影シテ其活動ヲ現出スル物ナレハ其動作タル實物ノ動作ニ異ル事ナシ這回當館ニ購備シ九月八日ヨリ向フ十日間開演致候間陸續御來觀ノ程奉願上候也
但入場料ハ從來ノ通リ
城內北門街 十字館

●世界第一名寫眞 カビリヤ 全十二卷
渡臺以來在各地連夜滿員無不滿員之
活動大寫眞
來八日九日（二日間）在臺灣新舞臺開演
入場料 一等 壹圓 貳等 四拾錢 三等 二十錢
大稻埕 臺灣新舞臺

演藝
口芳乃亭の新辯士 發展の第一步として今回大阪朝日座出演の主任辯士たりし岩井快堂を招聘し愈々本夜より登場得意の快辯を揮ふ由なるが同人は

上頭精彩多元的電影圖像，意外觸發了顏振發對繪畫的熱情，也成為他認知外界廣闊世界的一道門。這位徬徨少年的心靈因此被安撫了。

對戲院來說，報紙廣告版面有如戰場，各戲院都對版面大小斤斤計較。以臺南市來說，當時電影戲劇商業同業公會以公會名義向《中華日報》等報社購買版面廣告，再分配給市內各個加入公會的戲院，公會具有掌握各家戲院版面的裁判權，不讓任何一方獨佔版面。一塊塊方正的電影田是來自各家戲院美宣的排版設計，臺南全美戲院的吳俊誠經理曾操刀這項業務，當時他退伍回到家中服務，全美已轉型為二輪戲院。他每天的要務是留意《自立晚報》影劇版票房總表的賣座片，然後再翻到電影廣告頁面，剪下臺北首輪戲院的熱門片廣告，這些剪報後續便成為全美戲院上映影片報紙廣告的現成素材。

當吳經理被工會告知下一檔的報紙版面，他會準備相對應尺寸的紙板，並對應即將上映影片的剪報素材，透過自己的巧思將圖像拼貼在方格當中，有時得設計藝術字與有創意的廣告詞。紙板的版面完成後，他會送至工廠製作成同比例的鋁鋅板，這些製好的模板必須在截稿前轉交到報社，用於製版，並告知要填入的文字資訊，由報社統一上字與統整版面，最終才能進入印刷。

全美戲院報紙訂製廣告的鋁鋅板與設計紙板（攝影：王振愷）

進城拜師學藝

西門町的陳子福、大溪的簡錫欽、三重的洪水塗、臺南的潘麗水等前輩手繪看板畫師都曾經過日治時期到戰後的政權轉變，也在臺灣商業現代化歷程中電影、廣告與招牌各自建置成產業，在海報與看板的介面交會，這些畫師依自己對於美術和繪畫的興趣，以各自的方式參與其中。

青年顏振發走在這些前輩曾經走過的路，在下營家鄉等待頭路的時間裡，他學著報紙上的電影廣告依樣畫葫蘆，沒想到越畫越有自信、越畫越有成就感，就向鎮內在臺南市區上班的年輕人詢問：「市內有沒有能學畫電影看板與廣告製作的地方？」對方肯定地回答：「城內什麼都有。」從那時開始，到臺南市區學畫電影看板便成為這位少年心中的夢想。當顏振發依稀找到人生志向時，卻遭到強硬又固執的父親一再反對，因為在父親眼中畫圖是沒出息的工作，而且他對於這位長子的期望特別高。望子成龍的父親只期望顏振發能夠好好讀書，然後找份更穩定的工作。

雖然父親強烈反對顏振發從事繪畫工作，不過母親卻默默地支持著顏振發。從他有記憶以來，母親是從不發脾氣、慈悲為懷的觀音，照護家務、呵護小

回到昔日住過的和善街工廠，但已今非昔比。（攝影：王振愷）

孩，過去顏振發不得志時還曾回家鄉向母親借錢度日。父親剛強，母親柔軟，顏振發認為自己的個性就是父母親的綜合體，當年父子因為爭執過於激烈，顏父還曾拿扁擔一揮，將顏振發趕出家門，但默默守護他的母愛則成為一路走來最重要的支持。

十八歲時顏振發毅然決然離開家鄉下營，隻身來到臺南市投靠他唯一在這裡的親人，他的第二位母親——姑姑。當時姑姑嫁到市區，與夫家在現今臨安路與和善街開設生仁糖工廠。粉紅與灰白錯落的生仁是裹著糖霜的花生，脫去外殼的花生宛如脫胎換骨。褪去過去的枷鎖，看似要迎向新的人生，但孑然一身的少年仔面對的卻是一個全然陌生的國度。在找到頭路之前，顏振發與姑姑夫家雇用的工人同住在和善街的工廠宿舍裡，沒錢吃飯的他一開始會到姑姑家搭伙，但姑姑還要照顧婆婆及夫家其他親戚，不好意思讓娘家來的外甥一起同桌吃飯，於是她偷偷塞錢給顏振發，讓他自己出外覓食。

當時工廠周邊都還是未開發的魚塭地，與現在車水馬龍的景象不可同日而語。姑姑回想起這段塵封已久的往事，在她心目中，「發仔」是安靜、內向的外甥，當時她了解顏振發為了追求繪畫理想所嚐到的辛苦，也知道她的兄長大力反對發仔走這行。當她看到這位年輕人對於自己夢想的堅持，她心想只

在姑姑（左）眼中顏振發永遠是那個安靜長不大的外甥（攝影：王振愷）

要能力許可，無論如何都要盡力幫助這位外甥。

她記得父子的鬥爭戲碼從下營老家搬演到臺南市區，父親想把顏振發拖去高雄做工，因為當時營造業大興，到處都在蓋房子，他希望兒子和他一起學黏地板。然而，父親的強硬比不過長子對於夢想的執著，最後顏振發還是留在臺南。後來姑姑打聽到一位朋友認識當時西門路上延平戲院（在日治時期為宮古座，現今為臺南真善美戲院）的首席看板畫師——陳峰永（一九四四－二〇〇二），當這位朋友了解到這位青年對繪畫的熱情，便幫忙引介他給陳師傅收為徒弟。但由於當時畫師人數已經過於飽和，一來到延平戲院就立馬被陳師傅拒於門外。後來在這位朋友不斷的請託下，陳師傅才勉為其難收了這個年輕小毛頭，讓他在門下學習。

看板界分成學徒、半籠師、大師三個階段，雖然名義上兩人是師徒，但在業界並沒有一套師徒傳授的概念，因為師父總會有「你永遠無法取代我」的想法，這些前輩總會擔心後進學成後，就多了一位競爭者來搶飯碗。這也是許多傳統工藝逐漸失傳的原因，因為師父總會留一手，代代傳承下來，原本好的技藝就逐漸消失了。師父不會告訴徒弟真正的技巧，新進的畫師只能默默在一旁觀察前輩怎麼畫，有辦法的就「從看中學」，一切全憑本事，得靠自

董日福在全美戲院旁寫生

己摸索。一個畫室裡同門師兄弟就有六、七個，除了畫看板，他們還要處理畫室打掃、準備材料、幫忙打底、清潔用具等工作，一切從打雜開始。

延平戲院外一大面看板由二十塊小片組成，爭奇鬥豔的電影廣告鋪滿戲院外牆，「宮古座」的歷史也被覆蓋。當時不像現在有片商提供現成的數位印刷海報可供臨摹，畫師都必須透過劇照和相關素材的設計組合進入打稿，習得排版設計的專長。學習兩個月後，雖然顏振發還未能上到看板畫台，但他私下向在戲院做報紙廣告設計的董日福（一九三五—）學習寫片名，也努力領悟看板格放法的技巧，將原稿的小格放到看板上的大格，貼近各種細節與特性，並努力鑽研師父如何把素描石膏像的繪圖法轉換到看板上，而逐步習得畫看板的各種眉角。

過去看板業界有個不成文規定，學徒通常要花「三年四個月」才能出師，沒想到在顏振發的努力下，到延平戲院一年後就能親自上陣。一九七三年，顏振發畫了他人生第一幅手繪電影看板，所繪的電影是邵氏出品、呂奇導演的《丹麥嬌娃》（一九七三），影片場景設定在丹麥，也用了來自香港與歐洲的演員。在繪製看板的過程中，顏振發馬上就領會到西方演員比較好畫，因為西方人的輪廓深、較為立體鮮明，容易抓住臉部的主要特徵或神韻。看板背景

顏振發最早於延平戲院繪製人生第一幅手繪電影看板《丹麥嬌娃》（1973）（董日福攝影，顏振發提供）

顏振發在延平戲院繪製的手繪電影看板《水滸傳》（1972）、《四騎士》（1972）（董日福攝影，顏振發提供）

是許多哥本哈根的西式建築，當時顏振發照著月曆紙上的外國風景進行描繪，光是背景就花了一星期多的時間。

初次登場後，顏振發又陸續完成張徹所導演的武俠片《水滸傳》（一九七二）、動作片《四騎士》（一九七二）等片的看板，兩部電影皆由港星姜大衛、狄龍主演。我們從現存的老照片可以發現這兩張看板都將電影標題置於最上方，主畫面都是以明星演員的肖像排列為主，小部分的背景則出現戲中的場景，而角色都極具韻律感的動作描繪。那時戲院競爭激烈，門面的看板也是較勁的目標，以往一般電影手工繪板都是由六尺四方大小拼合起來，六塊組成一幅海報看板，也就是目前懸掛在全美戲院外頭的基本規格。當年顏振發在延平戲院曾經處理他有生以來畫過最大塊的看板，是由姜大衛、狄龍主演的電影《雙俠》（一九七一）電影，超過二十塊、約三層樓高，氣勢西當威猛，是他最得意的作品之一。

從一個在下營鄉下臨摹報紙廣告畫簡單線條的男孩，到獨撐大局的菜鳥畫師，雖然過程曲折艱辛，必須突破重重困難，但那個愛畫畫的男孩終於掌握了人生的畫筆，在天分、緣分與自己的努力下，終於習得了手繪看板的技藝。然而，就在青年顏振發嶄露頭角之際，一紙兵單也隨之而來，他因此暫時放下畫筆，投身軍旅。

顏振發在延平戲院繪製的手繪電影看板《雙俠》（1971）（董日福攝影，顏振發提供）

看板三：戲院是我的工作室、我的家（一九七三－一九九九）

在侯孝賢導演作品《戀戀風塵》（一九八六）裡，住在九份小鎮的青梅竹馬阿遠與素雲，畢業後一起到臺北城市找工作，直到一紙無情的兵單到來，兩人的關係產生了變化。第一年，阿遠到城市裡的印刷廠打工，時常與擔任手繪看板畫師的好友阿春在戲院聚會，場景設於大稻埕的第一戲院，阿春的師父由臺灣知名平面設計師劉開所飾演，電影記錄下當時看板師傅的工作現場及工作情形。

職人？或是藝術家？

手繪海報師陳子福曾在自傳中比較電影海報與看板，他認為兩者都須有美感，看板大、要遠看，適合表達簡單且立即能吸引人注意的事物；海報則可近距離地觀賞，要細膩的呈現。過去的電影海報大都以主角畫像為主，直接拿劇照打格子等比放大，但陳子福認為這樣做太死板，因此重新構圖，並加上背景細節，他的做法不僅獲得片商的喜愛與口碑，也影響當時電影看板的繪製行情。早期畫看板的收費很高，除了尺寸大、懸掛難度高，師傅還得自己設計畫面。就陳子福的說法，後來因為很多看板能

顏振發在 2013 年繪製的《戀戀風塵》電影看板

夠直接照著他的海報去畫，成本也就變便宜了。

自傳中另一篇訪談是資深林福地導演與陳子福的對談，林導演說道：「大師陳子福是自學，實在太了不起，那厲害不是所謂『功夫』，畫畫功只要努力誰都可以學，但那是『匠』；陳子福則是『藝術』，他所創造的造型、構圖等，沒人能畫這樣。」這個畫匠與藝術家之別的思考，也曾在著名的手繪看板畫師謝森山的訪問影片中一語道出：「我都自己說我是個畫工，一個『畫匠』而已，『藝術家』我不能承受……」

從陳子福對於自身經歷的回顧，可以看出手繪海報師與看板畫師的定義。陳氏電影海報中許多造型與構圖，都是他透過劇照、明星定裝照、電影場景等圖像重新設計而成，因此作品具有高度的原創性，具有藝術家的創造精神。而看板師傅的手繪方式則是依著電影公司所提供的原創海報，藉由師傅的格放技術將其比例放大至大型看板上頭，手繪海報與看板在原創性、技法與形式上都有所區別。不過，兩者的職業界線並非如此涇渭分明，海報設計師或藝術家或許都有繪製電影看板的經驗，過去的看板師傅也都有版面設計的技能。

陳子福的手繪海報已被寫入臺灣電影史與設計史

顏振發在 2013 年繪製的《小城故事》電影看板

中，然而像顏振發這樣以手繪看板作為志業的畫師，卻始終被拒於正統歷史之外。相對於設計師或藝術家，其實這些畫師更趨近「職人」這個身分。他們傳承著手繪電影看板這項傳統技藝，日夜不懈地專研技術，希望能精益求精；他們懷抱著崇高的熱情，專注在自身的手藝上，對於製作有很高的堅持，即使是委託製作或只是一份工作，但他們仍以等同「創造作品」的努力來滿足業主的需求，這也是林福地導演所說的「匠」師精神。

那麼手繪電影看板畫師到底是不是藝術家？這個答案會隨時代的演變而有不同的答案，或許我們可從包浩斯（Bauhaus）的歷史得到一些思考和答案。

第一次世界大戰後，一九一九年德國威瑪共和國於首都成立了國立藝術學校包浩斯；Bauhaus 意為「建築之家」，源自中世紀建築工匠一字。包浩斯學院由建築家華特．葛羅培斯（Walter Gropius）擔任首任校長，發表〈包浩斯宣言〉，第一目標是將各種藝術從孤芳自賞的窘境解救出來，期望工匠、畫家、雕塑家可以進行合作計畫，讓各種技能跨領域結合，最終集大成於建築這個目標上，並創造出綜合性的藝術；第二目標提及「藝術家與工匠兩者的本質並無二致」，期望將工藝提升至與精緻藝術等量齊觀的地位，去除階級差別、抹去界線；第三目標是「與

顏振發在 2013 年繪製的《悲情城市》電影看板

國內工藝及工業領袖保持密切接觸」，這也是今天所謂的「產學合作」，希望校內學生多與外界保持接觸，準備好投入社會的準備。

校園裡提倡「藝術是教不來的」，認為手工藝是可被傳授和學習的，以工作坊作為教學重心，當中也沒有所謂的「教師與學生」，而改以「師父與學徒」稱之。當今藝術學院都會開設立體設計、造型概念、色彩理論等「基礎課程」，這樣的制度便是來自包浩斯，學員先修讀半年的必修訓練，然後就自己的興趣選定工房。

包浩斯前衛的思想與改革並非憑空想像、突然出現，而是來自對西方悠久藝術與工藝歷史的反思，特別著眼於工業革命浪潮下機器取代了藝術家與工匠的傳統功能。十九世紀中葉以降，英國威廉・莫里斯（William Morris）開始了「振興傳統工藝運動」，試圖阻擋工業化潮流的推進，雖然過於理想和天真，但提升了手工藝的價值並重新被重視。

一九三三年，包浩斯這所頗負盛名的藝術學校被納粹政府認定為「頹廢主義藝術」而遭到廢除，但其精神與相關制度跨越國界影響至今。這影響了曾赴巴黎留學的臺灣前輩藝術家顏水龍，一九四〇年到一九六〇年他在臺灣推行的工藝教育，就是以包浩

位於德國德劭（Dessau）的包浩斯建築，由葛羅培斯設計。（圖片來源：維基百科）

包浩斯的創辦人華特・葛羅培斯（Walter Gropius）（Louis Held 攝影，1919 年，圖片來源：維基百科）

斯作為參考對象，重視人類的雙手所製作出的匠心作品，傳承先民的智慧結晶，也開設相關學校，推動實務操作與理論設計並行的雙軌教育，期望打破工藝與美術的界線，都是包浩斯精神的延續。

在《臺灣工藝》中，顏水龍談到工藝與美術相輔相成的關係：「一般所謂『美術』者乃超越實利實用之目的，而專注表現作家的理想，並不受任何拘束，例如繪畫、雕刻、音樂等均屬美術。反之，須考慮需要者之實用價值，並兼為滿足『美的感情』，此種受經濟拘束的一種生產技術稱之為工藝。但亦有美術品具備實用性，故美術品與工藝品頗不易做鮮明之區別，但就兩者關係而言，因工藝品需具備『美的要素』，在技術上必須利用美術上的成就，因之工藝的發達乃隨美術之發達而發達，而一個國家之工藝常可表現其美術水準並顯示其文化的高低。」

郭柏川與他的徒弟

少年顏振發該如何用繪畫賺錢？在那時最直接的途徑是廣告。因為一個電影廣告，他來到市區學習手繪看板，雖然過程曲折，但最後讓他如願成為畫師。習得一技之長又能兼顧興趣，對他來說是再好不過的工作。在手繪看板這一行非常講求「師徒制」，

顏水龍所設計的工藝品展示，翻攝自北師美術館「穿越人煙罕至的小徑」展。（攝影：張沛齊）

而戲院便是他們練功的場所。顏振發到延平戲院向陳峰永拜師，也向董日福學習寫藝術字體與美工。陳峰永與董日福皆為臺南前輩藝術家郭柏川（一九〇一—一九七四）的得意門生，兩人也是郭家畫室的同門師兄弟。

郭柏川與顏水龍是臺灣美術史重要的藝術家，年紀相差兩歲，都同樣出生於日治時期的臺南兩人在青年時期赴日本東京學習洋畫，先後受教於岡田三郎助門下，算是同門師兄弟。郭柏川是道地的府城城內人，先祖世居在打棕街（今中西區忠明街），世代以製造棕索為業。二十六歲時，胸懷大志的郭柏川，為了逃離家族安排好的媒妁婚姻，決定辭去教職離開臺灣、飛往日本，他原本要攻讀法律，但在第二年決定考入東京美術學校西洋畫科，從此走上藝術之路。

一九三七年，三十七歲的郭柏川原本想前往中國東北的「滿州國」寫生，卻輾轉來到北京，後來在北平藝專獲得教職，而定居下來。他在異地展開十年藝術生涯，除了專任教畫，也時常與臺灣同鄉和中日藝術家朋友舉辦畫展，還曾數度陪伴來北京訪問的日本大師梅原龍三郎，梅原奔放大膽的自由畫風影響了後來郭氏的創作，漂泊的郭柏川後來在一九四〇年與畫室學生朱婉華結為連理。一九四八

董日福將郭柏川在南美展的合照重新繪於自己畫室的樓梯間（攝影：王振愷）

年，郭柏川因戰亂舉家回臺，回到最初的起點臺南，受成功大學前身省立工學院的邀請，在建築系教授繪圖課程任教。沐浴在家鄉的陽光下，一九五二年他聯手在地藝術家創立「臺南美術研究會」，簡稱「南美會」，他擔任會長二十年，致力於美術創作與研究的推廣，也為臺南能有屬於自己的美術館而奔走，這個夢想終於在郭教授逝世近四十五年後終於實現，也就是二〇一九年開幕的臺南市美術館。

郭柏川後半生都在臺南與自己摯愛的藝術中度過，成大配給他一間日式宿舍，如今故居轉作為他的紀念館，後院花草樹木依舊繁茂。過去郭柏川除了在學院裡教書，每週日也在家中開班授課，客廳轉換為現成的畫室空間，董日福與陳峰永先後於一九五八、一九五九年在這裡向郭柏川習畫，他們不僅是郭氏的得意門生，也是畫室不可或缺的助教。據說郭教授教學相當嚴格，脾氣大，還會設定各種考驗，如果求學者不能專心致志，常會被他拒於門外。在陳峰永的回憶裡，郭柏川的繪畫有三個特性——民族性、時代性、自我的個性，嚴禁學生畫得與他相似，必須從模仿跳脫到自然，自成風格。他也時常提醒學生「觀察」的重要性，多看少畫，看得越久就畫得越細，他也強調作畫前的心理準備與準備材料的階段都算是在「畫」。

董日福將過去郭家畫室師徒的合照重新繪於自己畫室的樓梯間（攝影：王振愷）

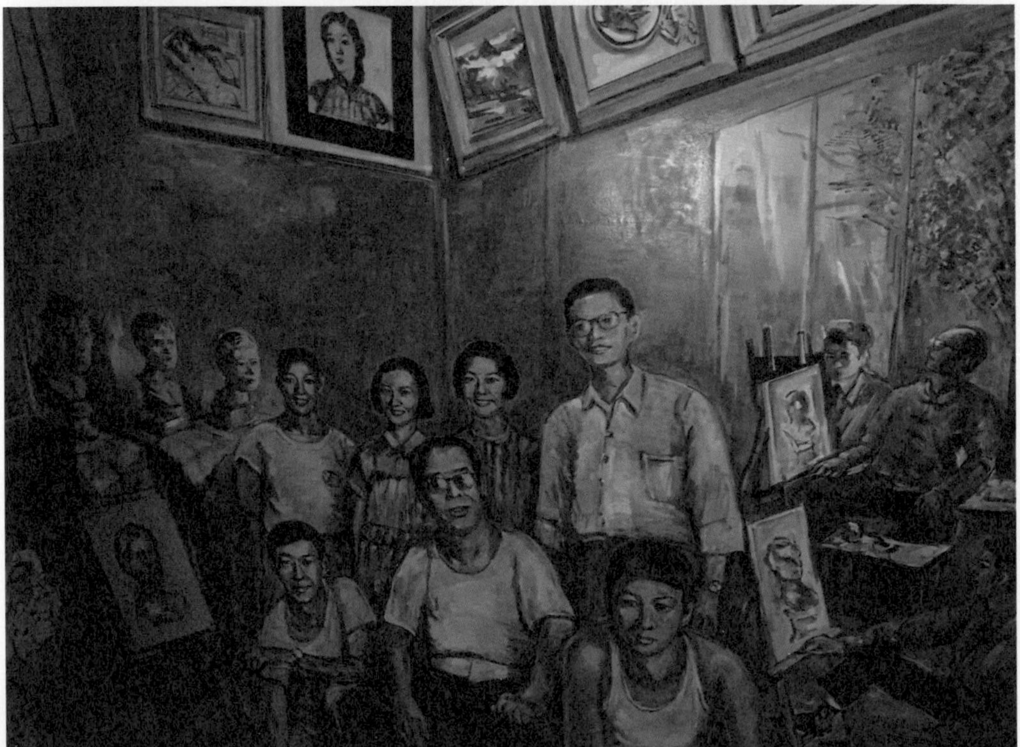

董日福與陳峰永不僅是郭柏川畫室的同門，也是延平戲院的同事，他們都有志成為專業藝術家，希望有朝一日自己的創作能像師父一樣被世人關注。不過在當時背景下，要以藝術家為專職，是漫長而艱辛的過程，必須先有份安穩的工作才能養家糊口。兩人以各自的專長在延平戲院擔任電影廣告設計與看板畫師，維持生計，利用下班與假日到郭家畫室習畫。對董日福來說，郭柏川更像是精神導師，他講究一切都要按部就班、切勿著急。在繪畫技巧上，郭柏川堅信素描是繪畫的重要基礎，也是筋骨，未達成一定的程度，他不會讓學生往粉彩與油彩發展。董日福也謹記郭柏川的繪畫精髓——平衡、動感，在下筆構圖時以客觀角度安排所見，藉由視覺產生畫面的輪廓，再將其內化為內心與環境當下的感受，在客觀與主觀之間來回，再轉化到畫面中。

一九七〇年代初，郭柏川自成大退休，健康每況愈下，最後於一九七四年逝世，享年七十四歲。董日福與陳峰永持續於延平戲院工作，各自為生活打拼，這個時間點上也剛好是顏振發來到延平戲院習畫，董日福與陳峰永仍以不同的方式傳承師法，讓顏振發在初學階段能間接習得郭氏的技藝。譬如，陳峰永在延平戲院擔任廣告宣傳部工作時，將過去對於靜物與石膏像的素描方法轉換到繪製看板上，後來離開戲院走入商業廣告的領域後，也將過去在繪畫

董日福在畫室樓梯間展示著過去環遊世界的繪畫創作（攝影：王振愷）

上學到的關於立體與造型的概念，運用於遊樂區與寺廟的景觀設計。而陳峰永工作忙碌之餘仍不斷創作，舉辦了不少畫展。

董日福自小父母早逝，十三歲來到延平戲院，戲院有如人生的學校，讓他在電影裡認知世界。他從清潔廁所臨時工最基層做起，後來做到設計報紙的廣告版面，也處理戲院的美工布置，時常與顏振發用保麗龍製作立體美術字，過去延平戲院外的看板由二、三十塊小片拼成，長度高達三十幾尺，有時還會做深淺層次、立體出血等多樣的造型，這些都出自他與畫師的巧手。在延平戲院服務長達二十七年之久，後來在師母朱婉華的請託下，他毅然辭去工作，決心繼承老師的衣缽，開始在民族路上開辦畫室、教授學生繪畫，並為老師策劃大型畫展及編印畫冊，希望將老師的精神傳承下去。

遠走屏東修行練功

一九七三年，二十歲的顏振發暫時告別師父和延平戲院，投身軍旅生活，他在軍中擔任砲兵，身兼支援裝甲兵的任務。他與一群同梯阿兵哥搭上軍艦，從臺灣本島出發，一開始先到金門待五個月，又在馬祖停留三個月，後來回到臺灣，從新北淡水、桃

顏振發老家下營古厝後巷的養雞場與木瓜樹（攝影：王振愷）

園雙連坡、臺中成功嶺等地支援。他在金馬當兵時，正逢八二三砲戰後長達二十年的臺海危機期間，兩個離島都處於戰地軍備狀態。

對於軍旅生涯，他依稀記得一些有趣的事，像是他因為有美工背景，經常被派去做標示牌。他也常被調去當廚房工班，因為饅頭切得很整齊而時常被稱讚，還有釣魚、打獵、補野兔進行野炊，為同袍加菜。他過去在臺南太辛苦，瘦到不成人形，但在軍中可以讓他吃飽，還能喝一大桶豆漿，他的體重不斷上升。另一個令顏振發印象深刻的是金門的電影院，他流連於一間間以大禮堂改造而成的戰地戲院，在軍備期間，金門曾有多達十七間戲院，主要提供給駐軍娛樂休閒，而當地人也能受惠。光是以金門中心的金城鎮來說，就有金門戲院、金城戲院、金聲戲院、育樂中心四間戲院，播放的電影從愛國片、黃梅調到文藝片、武俠片，還有數不盡的西洋片。

結束了三年軍旅生活，顏振發回到臺南市區，希望能重拾畫筆，繼續手繪看板的工作。然而，陳峰永所領軍的延平戲院，門下的徒弟也都額滿，在市場過於飽和、僧多粥少的情況下，顏振發四處碰壁，只好另謀他路。他內心只想畫看板，只要有機會再提起畫筆，在哪裡工作都無所謂。皇天不負苦心人，在友人的引介下，他到屏東潮州的新山戲院展開新

顏振發的家鄉下營洋溢著南方農村的熱情（攝影：王振愷）

的人生。

對於南方之南的屏東，顏振發記憶深處其實藏著一個兒時的陰影。他記得小時候曾經因為與父親爭執，在一次送貨的回程中，父親一氣之下將顏振發丟包在屏東內埔，後來他憑著自己的意志力，走了六個小時才找到火車站，透過好心人的幫忙才能回到臺南家中，這段驚險的歷程成為他至今抹不掉的童年夢魘。然而，此時的顏振發已經不是當年的小毛頭，他能獨立自強，以自身的能力找一份餬口的工作，而且這次他騎著自己新買的機車，從臺南沿著省道騎到屏東。沐浴於南方的陽光下，他沿途看著稻田、甘蔗田變成椰子樹。

這次顏振發抵達的目的地是潮州小鎮，這是個位於屏東平原上的小鎮，早年因位處交通的中繼站，很早就成為屏東重要的商業區，過去這裡曾流行三大戲曲——歌仔戲、布袋戲與皮影戲，有「戲巢」之稱。後來這裡也成為屏東的電影城。一開始潮州鎮上只有一家潮州戲院，由日治時期的表演場「共榮會館」改建而成。在興盛時期小鎮有高達有八家戲院，除了潮州與新山戲院外，還有萬寶、東海、真善美、南國、中央及南峰等戲院，是屏東縣內密度最高的，但隨著時空遷移，目前潮州鎮內連一間電影院都沒有了。

延平戲院手繪電影看板《舞衣》（1974）/ 顏振發繪製的手繪電影看板《惡客》（1972）（董日福攝影，顏振發提供）

潮州新山戲院位於今天的忠孝路與清水路，戲院名稱源自玉山在日治時期的舊名「新高山」，周邊還陸續出現東海與南峰戲院，形成熱鬧的商圈夜市，是鎮內最熱鬧的區域，並延續至今。在當地耆老的記憶中，新山戲院所放映的日本片最受歡迎。

顏振發風塵僕僕地來到屏東，老闆早已為他打點好一切。老闆是臺南麻豆人，也算是老同鄉，他在戲院內隔了一個小房間當作顏振發的員工宿舍，讓他可以專心畫看板。新山戲院外觀沒有掛置大幅看板，主要以戲院內部的海報牆布置為主。在熱帶之都屏東，一年四季都不會覺得冷，反倒是有次顏振發和當地的好友一同旅遊，在寒流期間衝上南投合歡山，卻因為衣服穿得太少，身體不堪負荷幾近凍傷，但他如願看到人生第一場雪。

顏振發在臺灣各縣市四處遊走，觀看各地風景，走過下營家鄉的綠與紅、金門戰地的灰與藍、屏東潮州的熱帶色、合歡山上的雪白，也到過一家家地方戲院，黑盒子裡一幕幕景象和多彩色調不斷觸發他對繪畫用色的敏感度。過去他只要到外縣市旅行，都會順便到地方戲院觀摩，觀察各戲院的手繪電影看板和其他畫師的技法，然後回去修正自己的技法。他曾經與董日福一同到西門町，對電影街上琳琅滿目的招牌和看板驚嘆不已。對他來說，繁華的臺北

董日福與顏振發到西門町觀摩北部戲院的電影看板時拍下的老照片，左圖右為顏振發。（董日福攝影，顏振發提供）

彷彿一場夢，他站在中華商場的天橋上大喊：「我一定要成功！」

出師回臺南，走跳「電影里」

一個下營愛畫畫的小男孩，一生堅定只為追尋看板與畫筆的理想，從小離家展開逐夢之旅，揮別鄉村裡的田野、故宅與父母，來到臺南市區的延平戲院拜師學藝，走跳於看板江湖，接獲兵單後短暫告別，退伍後回到臺南卻發現無用武之地，於是前往南方國度避世隱居、獨自修行。他在這裡度過三年的青春歲月，每天他繪製電影看板，與畫筆為伍，直到二十五歲時遇到瓶頸，他在技法上無法再突破。他一度無法繼續走下去，但後來他突破心魔，不斷探尋自己的潛能、超越自己，這樣的經驗也造就他日後在遭遇任何困難與瓶頸時，都能保持不服輸的精神。

走過低潮，顏振發認為自己的手繪技術又更上一層樓，已達到出師的標準，年近二十七歲的他決定離開屏東，回到熟悉的臺南市區。此時，他的畫工與身心狀態都相當成熟，已經準備好重回臺南戲院群聚的「電影里」這片大江湖。

李火增，《絕響》，攝於臺南西門町四丁目宮古座（臺南，西門路二段）。（李政達收藏，夏門攝影企劃研究室提供）

回到臺南，顏振發第一站就是舊東家延平戲院的原址，這時是一九八〇年，那棟仿日本歌舞伎座的老戲院建築已被拆除。在日治時期這裡是「宮古座」的所在地，戰後由國民黨黨營的中影公司接收，改為延平戲院。一九七七年拆除戲院本體改為共十二層樓的住商大樓，一九七九年竣工。

熟悉的老戲院不見了，當顏振發回想起自己曾在這裡度過兩年困苦的日子，不禁悲從中來。過去他以戲院為家，在椅子與桌子上鋪張報紙就成為他的床鋪，後來董日福在戲院樓梯間的小隔間白天當辦公室，晚上讓無家可歸的顏振發睡在裡頭。董日福相當理解這位少年郎的辛苦，因為自己也曾走過這樣的苦日子，過去他曾以同事的辦公桌當作床鋪，過著以戲院為家的日子長達二十多年，直到結婚才搬離延平戲院。

那兩年在延平戲院除了住房相當艱困，甚至有時連追求溫飽的基本需求都難以達成，這是因為長久以來手繪看板的工作的薪水很低。顏振發回憶當時一個月的工資才兩百元，平均一天只有七元的生活費。相較於一九六八年的基本工資辦法，當時臺灣勞工的基本工資是每月六百元、每日二十元；再對照那時正逢臺灣經濟起飛，十年後一九七八年的工資更調整為每月兩千四百元、每日八十元。

臺南真善美戲院現況，
原址是過去的宮古座與延平戲院，2018年開幕時顏振發重回舊東家在牆面畫下宮古座的身影（入口左牆）。（攝影：陳伯義）

那時顏振發的工資不到臺灣社會最低薪資的一半，在生活難以為繼的情況下，他瘦到體重不過五十公斤。姑姑見狀，每個月便多拿五百塊給他，還會帶他逛街挑衣服，他的生活才稍微改善，可以走到現在的民族路吃包飯，顏振發常說：「當年要是沒有姑姑幫忙救濟，就不會有今天的自己。」

在延平戲院的兩年有太多回憶，顏振發猶記得陳峰永師父對他的畫工有信心，後期就不再改稿，畫完直接掛上。有次看板掛上了，當天晚上剛好有颱風來襲，他擔心看板被吹走，於是到戲院門口看顧自己的作品，徹夜難眠。物換星移，才短短五、六年不見，卻人事全非，延平戲院變成一棟十二層樓的住商大樓。

一九八〇年代起，臺南市區百貨業迅速竄起，許多企業和建商爭相投入這場大戰，搶食這塊因經濟起飛而產生的消費大餅。來到中正路底，也就是目前河樂廣場所在處，當時的運河逐漸淤積而失去航運功能，於是市政府聯合建設公司將盲段填平，築起仿中國宮殿的雙棟建築，名為「臺南中國城」，成為複合型的住商混用大樓，在一九八三年底盛大開幕，與合作大樓為鄰，推動了中正路商圈最鼎盛繁華的時期。

延平戲院的手繪電影看板（董日福攝影，顏振發提供）
右上：《刺馬》（1973），右下：《黑手金剛》（1974），左上：《黃飛鴻》（1973），左下：《惡客》（1972）

中國城擁有長型的格局，以商店街與地下街串連起康樂街與環河街兩端，這裡像是個微型的娛樂世界，如同臺北以前的中華商場，裡頭有商場、冰宮、遊樂場、唱片行、旅館。中國城後棟三、四樓由統一戲院的老闆翁宗崑買下，作為中國城大戲院經營，聯手統一戲院成為統一．中國城，後期與今日．全美戲院並列為臺南市內僅有的二輪戲院。

統一戲院成立於一九六九年，經營至二〇〇七年，位置在今天的金華路三段上，其實離中國城只有兩個路口。顏振發重回臺南時，師父陳峰永的大本營也從延平戲院轉移到統一．中國城，不似三年前卡不到位的狀況，這次回來顏振發馬上回歸在師父門下，他們就將統一戲院後方的畸零地改造成為畫師的工作室。

即使顏振發一回來就找到工作，但看板繪製工作耗時又耗力，極盛時期每位畫師一個月要負擔到一、兩百幅的看板，熬夜趕工是家常便飯。因為戲院都是以件計算工資，並非包月薪制，接案維生的畫師仍處在低薪的社會底層，一開始顏振發沒錢在外租房子，晚上都睡在工作室，日子過得很辛苦。

當時陳峰永也承包遊樂園鬼屋設計、寺廟景觀等工

顏振發在延平戲院繪製的手繪電影看板《埋伏》（1973）（董日福攝影，顏振發提供）

程，然後發包給徒弟；除了市區內戲院的看板，有時陳峰永也會承接新化、善化、左鎮等地方戲院的廣告看板。心有餘力的話，顏振發也會幫人畫肖像、在才藝班開設繪畫課、承接招牌廣告繪製等兼差來增加收入，生活才逐漸改善。

專注在手繪看板工作之餘，他也喜歡到其他戲院裡觀看他畫過或準備要畫的電影，最高紀錄是一天看七部片。那是一個戲院彼此競爭又互惠的年代，當時凡是臺南市電影同業公會旗下的戲院員工，都能到同盟的戲院免費看電影，而幾乎市區的戲院都有入會，因此顏振發能夠盡情地看電影。

一九八〇到一九九〇年代，顏振發記憶最深刻且最喜愛的並非好萊塢電影，而是武俠片、功夫片及黑幫警察片等香港類型電影，他一一細數自己曾經畫過的偶像，李小龍、姜大衛、狄龍、傅聲、莫少聰、成龍、周潤發、李連杰、周星馳、劉德華……中國城裡上演熱門的香港電影，這段時間也是臺南市區戲院的黃金年代。

銀幕上電影明星正搬演刀光劍影、短兵相接的戲碼，現實的「電影里」也是危機四伏。當時戲院間正處於戰國時代，競爭激烈，而看板畫師在這個戰場上也各據山頭、自擁地盤。新進畫師一開始若沒拜碼

在華語片的黃金年代，顏振發繪製多部由姜大衛與狄龍主演的電影看板，圖為《叛逆》電影看板（1973）。（顏振發提供，董日福拍攝）

頭，不小心搶了前輩的生意，很可能會引來不必要的誤會，有時還會出現真實的火拚場面，各自幫派會相互叫囂。

手繪看板畫師與戲院是命運共同體，顏振發看著「電影里」從興盛走到衰亡，隨著時代變遷，彩色電視、第四台、錄影帶、VCD、DVD衝擊著映演業；他也看著中美戰爭——統一・中國城與今日・全美戲院間的二輪爭霸戰，到連鎖影城、網際網路與盜版的崛起，加速了臺南市內獨棟戲院的倒閉潮。

隨著戲院的倒閉，看板畫師失去了根據地；雪上加霜的是電腦排版與數位印刷等技術的普及，讓手繪看板幾乎被新科技取代，市場越來越緊縮，勞動需求也更加限縮，畫師們只能退休或轉行。顏振發在統一・中國城待了十五年，後面幾年因為師父陳峰永退休，他才慢慢爬上首席。當時他正值壯年，事業才真正開始，但手繪看板卻比傳統戲院更早成為夕陽產業。

然而，危機也是轉機。由於前輩們紛紛退出江湖，顏振發因此有更多發揮的空間，除了東帝士、麗都戲院他沒畫過，市區幾乎每家戲院都曾和他合作，從最早延平與統一・中國城，後來他與合作大樓的王子、南台、南都、國花等戲院都有兩三年的合作

顏振發在延平戲院繪製的手繪電影看板《年輕人》（1972）（董日福攝影，顏振發提供）

顏振發在延平戲院繪製的手繪電影看板
上：《死對頭》（1973），下：《江湖行》（1973）（董日福攝影，顏振發提供）

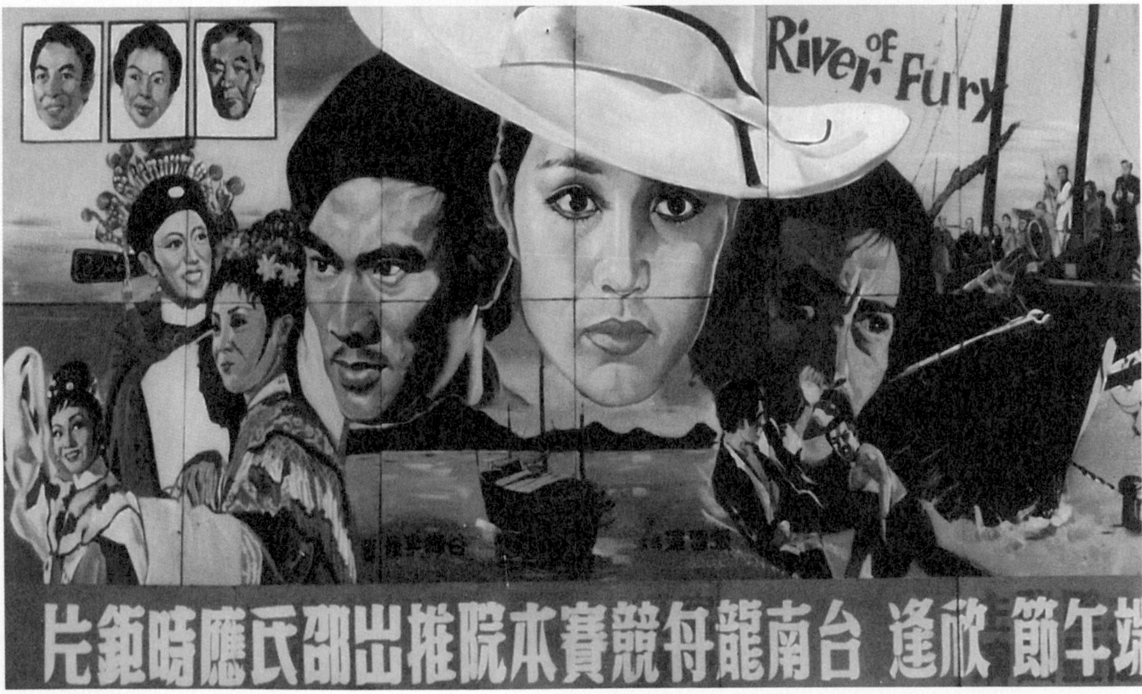

經驗。他更加珍惜每次作畫的機會，緊握著畫筆跨過千禧之年。

看板四：在全美戲院的日子（二〇〇一）

二〇〇〇年蔡明亮的電影《不散》場景是位在永和的福和大戲院，這家在現實中即將歇業的老戲院宛如一座被電影幽魂盤踞的廢墟，銀幕上不斷輪放著胡金銓導演的經典武俠片《龍門客棧》（一九六七），但在售票大廳的放映海報牆上張貼的卻是李心潔所主演的恐怖片《見鬼》（二〇〇二），這樣的錯置也存在於戲院建築外觀所懸掛的《龍門客棧》手繪電影看板，看似富麗堂皇，但在幽暗的後台窄巷裡，被棄置的看板彷彿已經塵封多年。

全美戲院六代畫師

《不散》電影結尾段落的最後一句台詞中，演員石雋向苗天道出：「都沒人看電影了，也沒人記得我們了。」一語道出老戲院的處境。正當整個世界歡欣鼓舞地迎接新世紀的到來，開業幾十年的老戲院面對的卻是一個惶恐的未來。

顏振發在延平戲院繪製的手繪電影看板《北地胭脂》（1973）（董日福攝影，顏振發提供）

位於臺南商圈的「電影里」萌芽自日治時期，到了一九七〇、八〇年代達到鼎盛，在一九九〇年這裡有十家戲院。然而，隨著新興媒體迅速崛起，臺灣大眾的觀影習慣逐漸從集體轉向個人，看電影不再只侷限在戲院裡，而且臺南市區的戲院過度飽和，早已供過於求。於是，「電影里」逐漸成為一個歷史名詞，被市民遺忘。

千禧年後，三家全新豪華的連鎖影城——威秀、新光與國賓——進軍臺南，形成三強鼎立的局面，市區舊有的戲院都被邊緣化，有的為了與新影城直球對決，耗資重本進行大規模的設備更新，卻仍挽回不了劣勢；巨大的投資血本無歸，反而更加快了經營的危機，一間間戲院逐漸在地圖上消失。

臺南市區幾家轉換經營模式或以意志力苦撐的戲院，如民族、國花、東安、南都等戲院，最後還是舉白旗向時代投降。眼看著同業紛紛倒地，作為二輪戲院的全美戲院，在客群上因為與新影城有所區隔，而未與新影城正面交鋒。在一九九九年底，經營的吳家超前部署，針對全美戲院內部進行重新整頓與硬體裝修，這次改裝就是要翻轉大眾對於二輪戲院髒亂的印象。

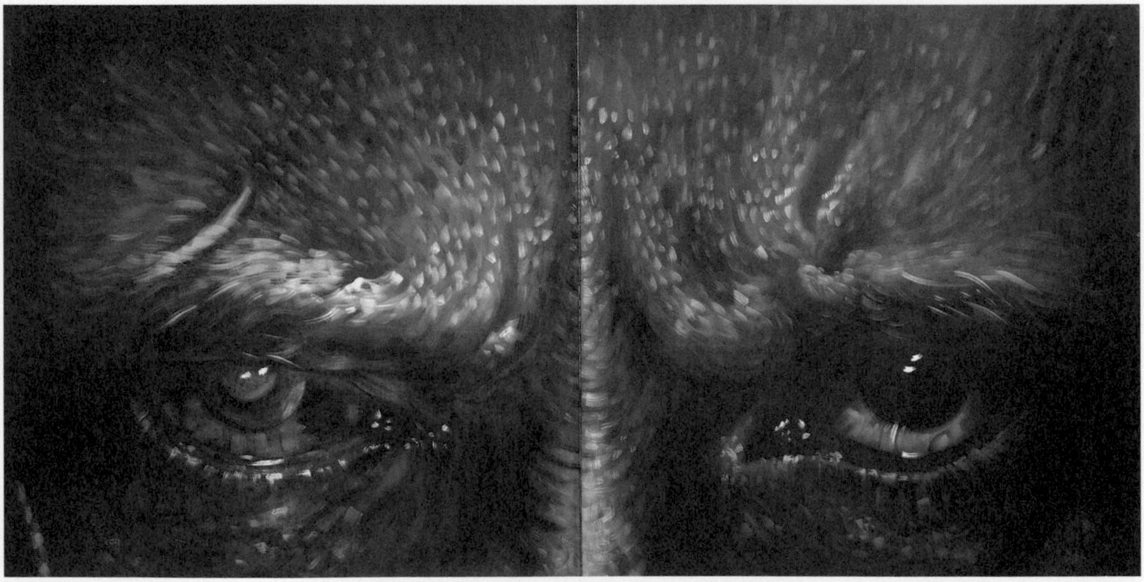

顏振發繪製的金剛狼眼角（攝影：陳伯義）

正當全美戲院致力因應時代之時，顏振發已在幾步之遙的國花戲院擔任首席畫師兩年，此時國花卻關門大吉。戲院熄燈，裡頭的職員也跟著散去，顏振發手繪看板事業的生存空間越來越小了。他以為從此要揮別這個做了三十年的工作時，卻意外接到全美戲院第一代老闆吳義垣的邀請，希望他能接手全美首席看板畫師的位置，顏振發馬上一口答應了。

從吳家接手全美戲院算起，顏振發是這裡的第六代首席畫師。第一代畫師是一位名為登貴的師傅，後由蘇仔接手，他不像大多數畫師擅長繪製西方明星，他較熟悉東方人像，相當特殊。

第三代畫師為阿濱，正好遇上七〇、八〇年代的極盛時期，他還帶了三個徒弟——阿凱、建男、金柱。阿濱對待徒弟如朋友，完全沒有架子，他們畫了二十幾年，直至阿濱退休，三個徒弟也跟著轉行，離開戲院。之後短暫來了一位印仔，過不久就由第五代畫師接替，人稱「顏仔」。

畫師都是中午開始工作，日落而息。過去大片片源多，因此外頭看板置換頻率相當高。全美戲院也特別框出一個屬於他們的工作範圍，一開始是在目前懸掛看板背後的天台處，在永福路拓寬以前這裡有個延伸出來的陽台，師傅就躲在巨幅海報後面奮力

顏振發曾經繪製全美戲院前身全成第一戲院的手繪看板

1950 年代的全成第一戲院

揮毫。

他們除了承接全美戲院與今日戲院的電影看板，過去放置在小西門圓環、忠義路與府前路口的兩塊戲院看板廣告，也都是出自他們的手。隨著一九八八年永福路進行拓寬工程，戲院前方的空間被限縮，陽台也被拆卸下來，畫師們搬移至戲院一樓走廊上或到戲院對面他們的工作間。畫師們在騎樓下手繪，成為永福路獨特的街道風景。

畫師都是經過吳老闆精挑細選，當時畫師人數多，競爭激烈，面試就像是術科考試，要現場提筆畫出所規定的電影海報。戲院與畫師並非僱傭關係，而是以件計算酬勞，大圖輸出剛出現時，手繪師傅的工資仍低於印刷品費用，因此電影院還是持續使用手繪看板妝點自家門面，不過後來隨著電腦繪圖、數位印刷變得普遍而便利，印刷成本更為降低，最後手工技藝還是被取代了。

手繪電影看板這項技藝在當代顯得稀有可貴。經營戲院的吳家當然也曾以成本考量想用大圖輸出替代，但他們與畫師情如家人，擔心他們離開崗位後很難找工作，因此決心將這個傳統連同戲院一起保存下來。目前全美戲院是顏振發最穩定、也是最大宗的客戶來源，只要全美戲院電影仍持續放映新片，

全美戲院外牆的手繪看板

全美戲院倉庫裡的手繪看板（攝影：陳伯義）

他就一定會有案子可接。手繪師傅與技藝跟著這間家族企業傳承下去，全美戲院可說是顏振發手繪看板的保存地。

手繪看板作為文創之道

來到全美戲院後，顏振發仍一如往常地工作，每天按部就班、照表操課。但眼見著前輩們一一離開江湖，他不禁感慨曾經富麗堂皇的大戲院，在時光之流的推移下，逐漸被時代淘汰。畫師的江湖如過往雲煙，隨風飛逝，鮮豔的色彩轉為灰白，一張張看板隨著電影終場散去，放在戲院的廢墟裡任灰塵沾染。

新科技的轉換為老戲院帶來衝擊，不斷地上演著。數位印刷從一九八〇年代末起逐漸改變廣告生態，也取代了電影手繪畫師，這時許多畫師還有時間餘力轉行。然而，二〇一二年起臺灣放映設備的數位化來得又急又快，當時戲院的放映設備被迫全面從膠捲汰換成數位，直接受到衝擊的不只有戲院經營端，還有過去掌握膠捲放映技術的放映師，他們在措手不及的情況下成為時代的犧牲者。

傳統映演業以一棟戲院作為中心，裡頭除了高階經

營者、老闆、主管，旗下還有業務、美宣、售票員、櫃檯、放映師、手繪看板畫師等不同員工職位，一間戲院的歇業牽動著整個組織人員的失業，當然還有背後無數家庭的生計。

二〇〇〇年初，全美戲院在戰勝了新的觀影媒介之後，二〇一二年年底又投入六百萬的資本，進行數位化硬體的改裝工程。數位化革新未打倒他們，全美戲院留了下來，在繁華一時的「電影里」一枝獨秀。

全美戲院除了固守電影本業，也藉由文創轉型的方法活化老戲院，進行文化資產的再利用。全美戲院又因應社群媒體的時代潮流，運用有趣的方式讓年輕的顧客能進到戲院裡頭互動。在這快速變遷的時代裡，全美戲院將自己定位為一間充滿人情味又有故事的老戲院。

不管時代如何改變，顏振發仍然專注於自己的工作，更加珍惜每一幅繪製的看板，他知道自己何其有幸還能擁有這個屬於他一人的江湖。

看板隨著商業、廣告、電影誕生在這塊島嶼上，畫師們所繪出的圖像展示於合成紙、木架繃出的帆布、塑膠帆布等媒材介面上。直到電腦取代了人的雙手，

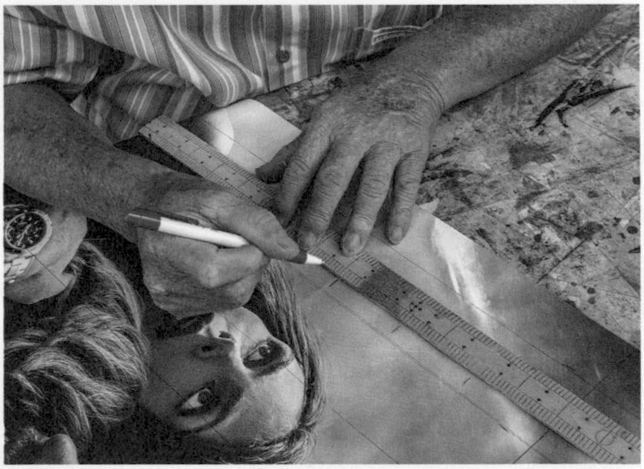

手繪看板產業雖已沒落，但顏振發仍不改初衷，常可看到他在全美戲院騎樓下認真作畫（攝影：陳伯義）

以快速擷取的方式噴畫出一張張更為擬真的大型廣告，於是看板被各式海報燈箱、LED螢幕、數位廣告看板等前端科技所取代，光電雷射的絢麗吸引了消費觀眾的目光。

外頭的新科技如電光石火般稍縱即逝，全美戲院卻宛如時間封存的記憶堡壘，老戲院的傳統都被保留下來，還有本事櫥窗、宣傳放送車、寄車處、大廳販賣部、空襲警報告示、外牆上的大型電影看板……。在這裡，顏振發盡力為每一檔電影妝點門面，緊緊抓住觀眾的目光，手繪看板與老戲院已成為生命共同體。

圖像多元的電影手繪看板很快成為老戲院轉型的重要元素。手繪不僅呈現出懷舊復古的質感，其手感及溫度是數位印刷永遠無法企及的，這是許多人在厭倦了快速工業化產物而試圖找回的消費體驗。

除了老戲院現場的觀賞體驗、拍照打卡上傳網路，全美戲院也製作顏振發的看板明信片提供影迷收藏，並以保存手繪看板作為號召，開辦手繪看板研習課程，還開發了兒童迷你體驗的版本。

說起看板明信片的緣起，吳俊誠經理記得在二○○五年曾有旅人路過全美戲院，在售票口詢問是否有

1970年代與現在西門町圓環廣告看板的對照（圖片來源：維基百科）

特殊樣式的票券？當時吳經理就看著對街的玻璃，反光映照的是這些巨幅的海報看板，他靈機一動，將這些手繪看板結合戲票與明信片的雙重功能，轉印成為相當具有保存價值的紀念品。

全美戲院第一張手繪看板明信片戲票從此誕生，封面海報是當時在戲院放映的宮崎駿動畫片《霍爾的移動城堡》（二〇〇四），執筆的畫師就是顏振發。超過十五年的明信片累積，也成為其現成的作品集。

臺灣國寶與卓越市民

隨著大眾對文化資產保存意識地抬頭，以及文化創意產業的熱潮，老戲院透過不同的轉型提案重獲新生，於是全美戲院也開始講述自己的故事。

全美戲院與「臺灣之光」李安導演小時候有著深厚的緣分；侯孝賢導演的《電姬館》（二〇〇七）也特地全美戲院進行取景。帶著古早味的全美戲院頓時成為臺灣老戲院的經典，也成為媒體的焦點。

當這座藏著豐厚寶藏的古堡再度被世人關注，戲院裡有「臺灣之光」，還有一位「臺灣國寶」，就是顏振發。這位總是藏身在戲院與看板背後的畫師，

全美戲院外牆手繪看板、宣傳放送車、寄車處

《博恩夜夜秀》到全美戲院出外景，與顏振發師父討論節目腳本的側拍。

2019 年港星錢小豪隨節目專程飛來臺南全美戲院，向顏振發拜師學藝。

2013 年美聯社記者 Tassanee Vejpongsa 在全美戲院採訪顏振發（翻攝自 Youtube）

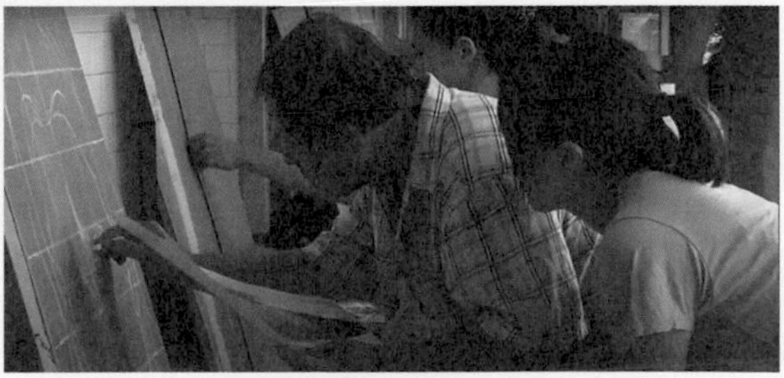

守衛著全美戲院的門面，未想過有一天能把自己的故事說出來。

二〇一〇年，旅遊生活頻道「瘋臺灣」節目主持人Janet與團隊來到全美戲院，他們介紹戲院裡的各式傳統，也向顏振發拜師學畫。當時他正賣力畫著《阿凡達》（*Avatar*, 2009），不發一語。二〇一三年九月六日與七日，美聯社（AP）記者Tassanee Vejpongsa採訪顏振發，當時他坐在戲院門口的「臨時工作室」，繪製布萊德彼特（Brad Pitt）主演的《末日之戰》（*World War Z*, 2013），他同時也開授小型的畫畫班，報導於九月十一日傳播至國內外各大媒體，從此顏振發成為媒體追逐的國寶級職人。

二〇一八年，英國廣播公司（BBC）以標題寫著「臺灣最後一位手繪電影海報畫家」的報導，搭配十四張圖片和詳盡文字與影像，當中顏振發振筆繪畫，也以口白方式娓娓道來他的心路歷程。這十年來可以看見顏振發從對鏡頭的陌生，逐漸願意在鏡頭前侃侃而談，不但在國際媒體上曝光，也陸續出現在臺灣各大新聞專題與節目上，近年來還踏進網紅的影片世界裡。這些報導都提及他傳承了臺灣手繪看板的傳統手藝，即使右眼失明但仍聚精會神地專注作畫，曾經貧窮潦倒，現在總算等到成功的來臨。

2018年英國廣播公司的報導（翻攝自BBC官網）

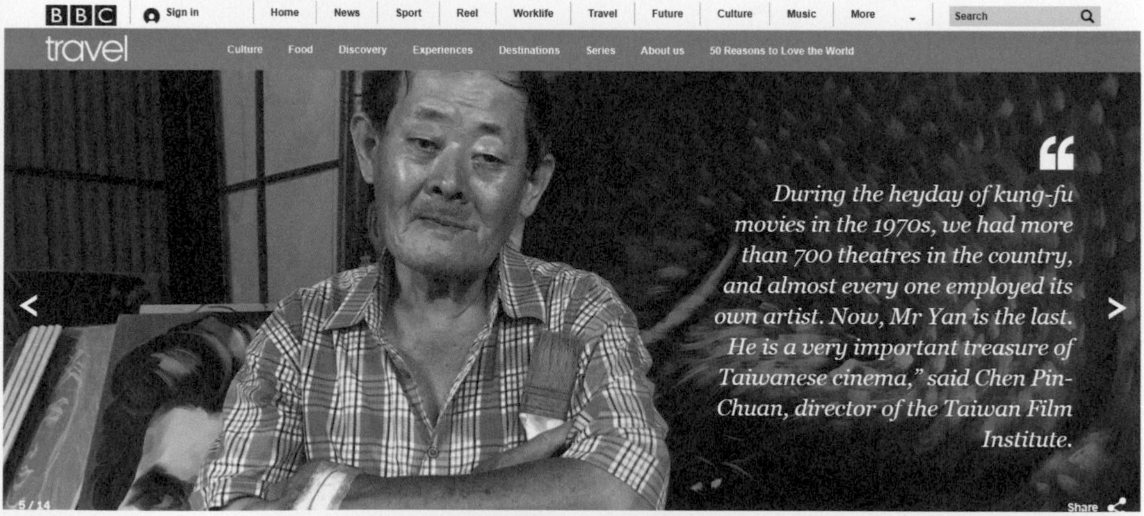

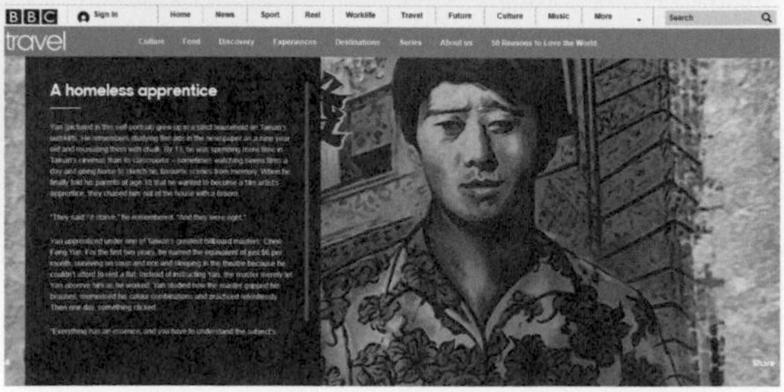

顏振發的聯名製作

這位原本默默無聞的素人畫師現已成為家喻戶曉的大人物，臺灣傳統的手繪看板文化也被更多人看見了。成名後最大的轉變就是顏振發的案量增多了，過去看板畫師除了繪製戲院的電影看板，也會到處兼差畫各式各樣的招牌，賺取零頭的小案，現在更具規模與國際知名品牌都會委託他製作海報。

其中最大宗的是來自電影公司的邀約，譬如之前國際巨星來臺宣傳電影時，片商委託他繪製明星的手繪看板，作為臺灣伴手禮送給他們。電影《雙子殺手》（*Gemini Man*, 2019）的首映會上，片商特別邀請顏振發走星光大道，並親自致贈手繪海報給李安導演和威爾史密斯（Will Smith）；《羅根》（*Logan*, 2017）來台宣傳電影時，顏振發特別畫了「X 教授」，送給飾演的演員派屈克史都華（Patrick Stewart）；《解憂雜貨店》（二〇一七）上映記者會上，顏振發特別扮演劇中人物「浪矢爺爺」，並當場提筆作畫，驚艷全場。

六十歲之後的顏振發「畫」運大開，時尚品牌與流行音樂都與他聯名合作。其中最著名的是知名品牌 GUCCI 特別邀請他參與創意總監 Alessandro Michele 的 Art Wall 計畫，以「突擊街頭」的方式在臺北永康

在臺北永康街上顏振發所繪製的 GUCCI Art Wall

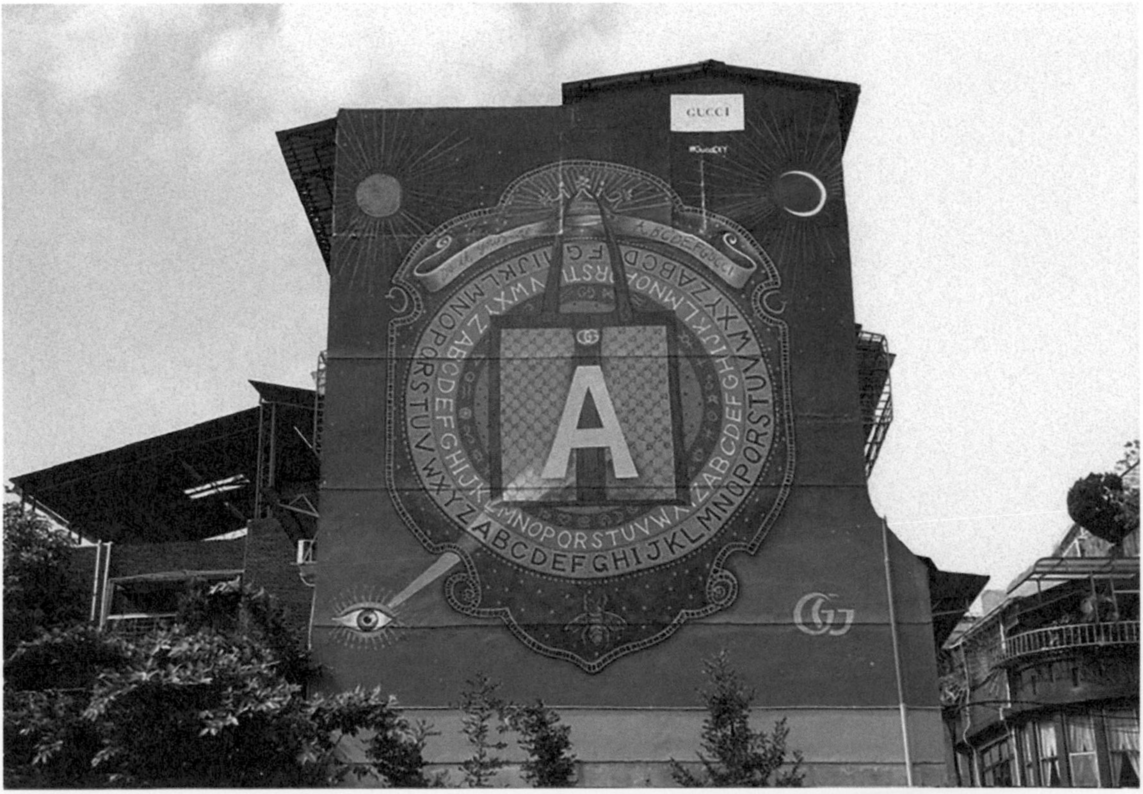

街進行壁畫創作，透過藝術介入公共空間，觸及到更多元的客群。

當時顏振發攜帶熟悉的畫具與特殊油漆北上，創作時要攀上五層樓高的鷹架，他還特別到廟裡拜拜求平安，最後總算順利完成全世界第六面的GUCCI Art Wall。近期時尚雜誌《VOGUE》的舒淇專號也特別請顏振發為這位家喻戶曉的明星繪製肖像，在網路引起熱議。

二〇一九年，顏振發為英國酷玩樂團（Coldplay）睽違多年推出的新專輯繪製廣告壁畫，地點選在臺北西門町，一面位於日新威秀電影院對面建築的外牆，與當時戲院內顏水龍的馬賽克壁畫《旭日東昇》裡外輝映。顏振發回憶當時他在街頭繪製時，路人與他寒暄關心，讓他感受到北部影迷的熱情。

同年，知名樂團五月天邀請顏振發在《瘋狂世界》音樂錄影帶中演出，並委託他繪製四米高、五月天第一張創作專輯手繪封面，在演唱會現場展出，供歌迷拍照留念。過去他也曾幫回聲樂團繪製「心電回聲」演唱會海報、八三夭「一事無成的偉大」演唱會海報，顏振發似乎與搖滾樂團特別有緣。

除了繪製樂團五月天的專輯封面，近期他也以《防

顏振發與完成酷玩樂團專輯廣告壁畫的合照（圖片提供：顏振發，翻拍攝影：陳伯義）

2019 年五月天第一張專輯《瘋狂世界》手繪封面

回聲樂團繪製「心電回聲」演唱會海報

八三夭「一事無成的偉大」演唱會海報

臺南市長黃偉哲施政成果電影《暖南市政搜查隊》看板

2020 年《防疫大作戰——防疫五月天》

蔡英文與賴清德總統大選的競選看板

2018 年底顏振發獲頒臺南市卓越市民

疫大作戰》為題繪製「防疫五月天」。二〇二〇年春天，臺灣防疫有成，於是衛福部陳時中部長率員巡迴臺灣，推廣國內旅遊。當他們來到臺南時，顏振發花費三天半的時間完成巨幅帆布海報，向他們致上最誠摯的謝意。

顏振發也為政治人物繪製海報，如蔡英文與賴清德總統大選的競選看板。他曾受臺南市議會之邀繪製五十幅歷屆正副議長肖像，並舉辦油畫大展。這幾年來，顏振發不遺餘力地推廣手繪技藝，開設研習營培養人才，多年的苦工練就他的真功夫。二〇一八年底在臺南市議會頒給他臺南市卓越市民，表彰他長年致力推廣藝術，對臺南有重大的貢獻。

淡泊名利的他依舊每天專注在自己的手繪技藝，定時到全美戲院繪製新片看板，這裡是他作品的展示台，全美戲院吳經理也幫他接洽各種訪問與委製邀約，為他開班授課、招攬學員。

隨著當代藝術的定義越來越寬廣，許多藝術展覽近年也開始將民藝、工藝納入，過去顏水龍前輩「美術與工藝融合」的理想正逐步實現，顏振發的看板藝術也被帶入各種藝術場域中。最早在二〇〇七年，顏振發就曾受邀到新化歐威紀念館繪製多幅他主演的電影看板，包括《秋決》、《養鴨人家》、《故

2019年，顏振發香港東南樓藝術酒店繪製《霸王別姬》

鄉劫》等，展示於紀念館中；二〇一一年臺南市文化局曾收集顏振發的四十多幅懷舊電影看板，在蕭壠文化園區舉辦四十年典藏展覽，並讓他現場揮毫，二〇一七年屏東旅遊電影節也曾為顏振發舉辦看板特展。

二〇一四年，一群大學生自發地為他舉辦「油畫直說——顏振發油畫個展」，展出他歷年的油畫創作，從中可看到純美術與平面繪畫面相的顏振發。二〇一九年，顏振發以駐村藝術家的身分受邀到香港東南樓藝術酒店，繪製經典電影《霸王別姬》，成為飯店的重要典藏作品。

二〇一九年在臺南市美術館開展的「將藝術掛在心上：掛畫的生活美學」，也特別選件展示了顏振發《賽德克巴萊》的電影看板，懸掛看板的戲院外牆可以被思考為一個畫作的展台。二〇二〇年在臺灣藝術大學有章美術館舉行的大台北雙年展「真實世界」，展出顏振發近年最得意的三件作品——《奇異博士》、《羅根》、《亂世佳人》，特別搭起鷹架展示於戶外展場。這兩檔展覽都企圖打破藝術與工藝、藝術家與職人匠師，以及看板藝術放置在不同場地的各種界線。

2019 年南美館展出《賽德克巴萊》電影手繪看板

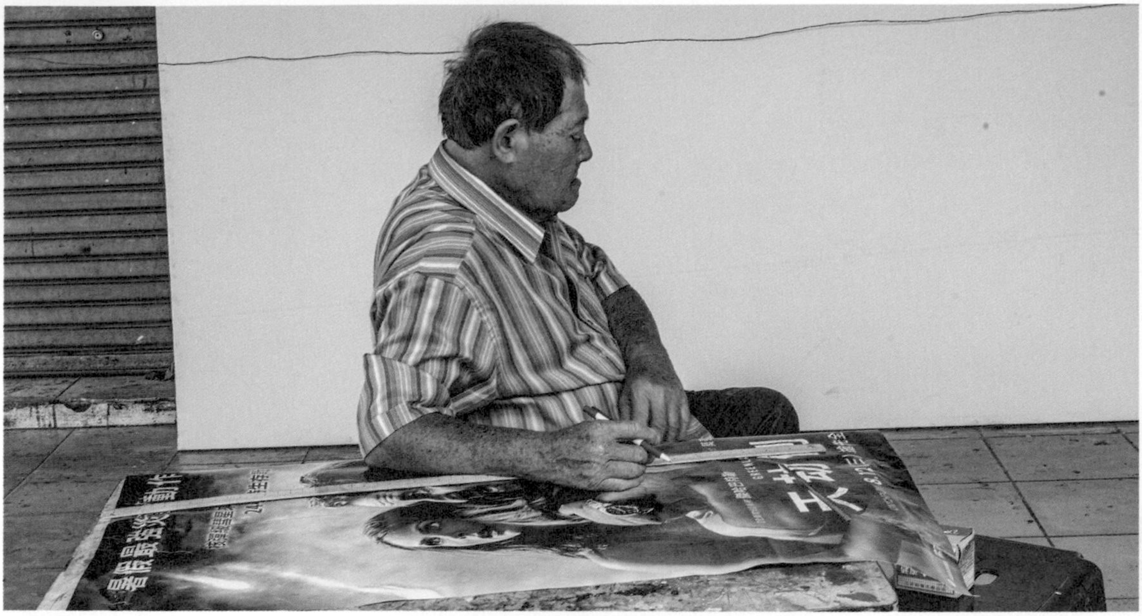

攝影：陳伯義

2020 年大台北雙年展「真實世界」中展示顏振發的《亂世佳人》手繪看板（攝影：王振愷）

大井旁畫海報
——手繪　看板現場

「我不想讓手繪看板這項技藝消失。」——顏振發

現場一：戲院下的公眾畫室——手繪看板文創研習營

當新的一天旭日升起，旅人睡眼惺忪，大口吸著府城的清晨氣息，吃完虱目魚鹹粥配上脆皮油條，飽足後趕赴早九的課。

繞了一大圈，再次回到到全美戲院對面的騎樓下。這裡曾經是製造玻璃鏡板加工作為營業廣告使用的硝子店，戰後隨著戲院開業，周邊成為並排的商店街屋，拆建後改為寄車處與店面，一度租給便當店使用。來到今日，這裡是顏振發手繪看板的露天工作室，像是日本時代進行廣告「扛棒」製造的回歸，更成為觀光客或過路人駐足觀賞他揮筆神采的舞台。

不論何時，行經永福路的全美戲院時常會看見細長型的騎樓底下，顏振發在比人還大的看板旁，右膝著地、席地而坐，他總是拿著底稿，低頭揮毫，不論寒冷炎熱、刮風下雨，即使汗流浹背，他還是厚衣披身，一年四季從未間斷，隨著陽光照射的位置，轉換他作畫的方位。

近年來，這樣的街景有了一些轉變。原本形單影隻

在原稿上打格子是手繪看板重要的第一步（攝影：陳伯義）

默默作畫的顏振發，旁邊多出了許多年輕人的身影，他們因為不同的機緣與原因，從臺灣各地齊聚在臺南市區這座老戲院門前，圍繞在他身旁，以四天上午的密集課程，向「師父」拜師學藝。課堂上他耐心地照顧多位學生，偶爾也會嚴厲訓導，互動上十分可愛。

二〇一三年五月初夏開始，全美戲院外頭搖身變為露天畫室，是因為戲院吳俊誠經理與太太林淑惠想讓顏振發多賺取額外的生活費，並且將手繪電影海報這項傳統技藝傳承下去，而以才藝繪畫班方式作為啟發，開辦了手繪看板研習營，沒想到竟意外成為全美戲院在放映二輪電影本業外，另一個金字招牌活動。這種型態的公共畫室，就像是現代美術所崇尚的畫室教育之回歸，延續了前輩藝術家顏水龍所提倡的「走進公眾，美化臺灣」精神，更回溯到包浩斯的啟蒙。短期的工作坊與預備課程，讓學員可以用相對低的門檻學習手繪看板的初步技法，有興趣繼續鑽研的學員也能夠再進一步深度學習。

課堂前會發下包浩斯所設計的十二色相圖，讓學員能夠快速瞭解色彩學的基本原理，並馬上進入調色與配色的技巧，進一步從「做中學、學中做」，試圖找回中世紀師傅、職人與學徒一同共工前進的理想。目前一期研習營採四堂課速成進行，而且教法

全美戲院對面騎樓下是顏振發作畫的空間，也是手繪看板文創研習營的授課場地。（攝影：陳伯義）

適用於任何年齡層的學員，不管有沒有繪畫基礎，只要有心都能來學，相當平易近人。目前課程分為平日連續四天密集班，以及四個週日的假日班兩種。第一堂課中，學員在全美戲院前的騎樓下集合，拉開長桌，排排而坐，這時經理夫人會拿著簽到表主持相見歡儀式，除了叮囑課堂相關事宜，也會選出研習營的班長與每天的值日生。接著學員之間相互自我介紹，除了說明自己的來歷，遠從日本、新加坡與香港前來的學員也得回答為什麼報名研習營。

有的學員有興趣喜歡畫畫，有些則是被這期的主題所吸引，或者想珍藏自己喜歡的電影人物，但大多數都是仰慕顏師傅之名而來。自我介紹告個段落後，便開始選班長與活動攝錄的負責同學，並且加入本期通訊群組，當相見歡儀式快結束，這時原本在一旁默默無聲或剛吃完早餐的顏師傅開始起身，準備進入的正式課程。

現場二：工欲善其事，必先利其器
——顏師傅的工具箱

所謂「工欲善其事，必先利其器」，在顏師傅正式傳授技法前，特別開箱在進行手繪看板時會使用到左頁圖的工具：

第一堂課開始學員們排排而坐開始進行相見歡儀式與課前叮嚀（攝影：王振愷）

A3 原稿圖、藍筆、長尺。（攝影：陳伯義）

粉筆（攝影：陳伯義）

畫架、上好底色的帆布看板、塑膠椅、固定看板的鐵絲。（攝影：陳伯義）

筆刷 16 或 18 號（油漆刷兩支、筆刷兩支，來自藝海筆墨莊）（攝影：陳伯義）

帆布看板（六尺五寸、1.8 公尺正方形六塊）（攝影：陳伯義）

八色油漆、水泥漆、螢光漆（以上油漆來自臺南包成漆行）、擦布、拿油漆的塑膠袋、調色木板、用來洗筆用松香水融合煤油、小水盆（攝影：陳伯義）

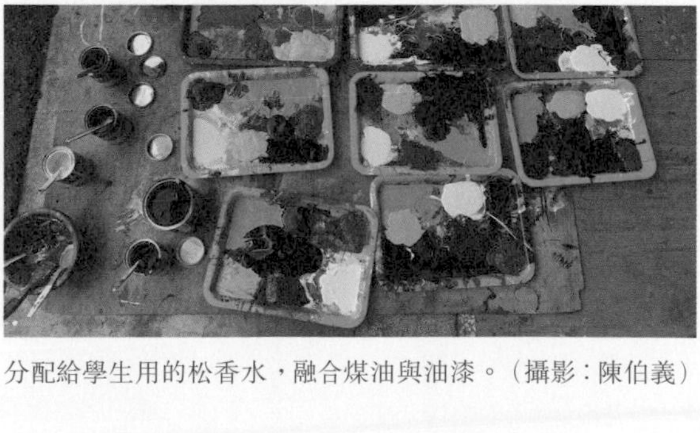

分配給學生用的松香水，融合煤油與油漆。（攝影：陳伯義）

現場三：手繪看板技藝傳承——不藏私步驟拆解

多次參加顏師傅的「手繪看板文創研習營」後，為他的手繪技藝進行步驟拆解：看板打底色、原稿打格子、畫布打格子、描輪廓、上色、寫字、晾乾、清潔環境、大合照，以及學員無法參與到的最後一個步驟：拼接懸掛到戲院門面。本書特別邀請攝影藝術家陳伯義記錄顏師傅的技藝，不僅可以作為後續的教材使用，也為這項傳統工藝進行傳承。

（一）看板打底色

在前一天或第一堂課之前，顏師傅都會為學員的原色帆布看板先打好底色，通常以最為中性的灰色為主。

（二）原稿打格子

顏師傅先在Ａ３原稿圖示範打格子，接續輪到學員們自己實作，師傅會一個個檢查，並且不斷催促大家：「快一點！」「再十分鐘！」，以免耽誤後面的進度。

（一）看板打底色（攝影：陳伯義）

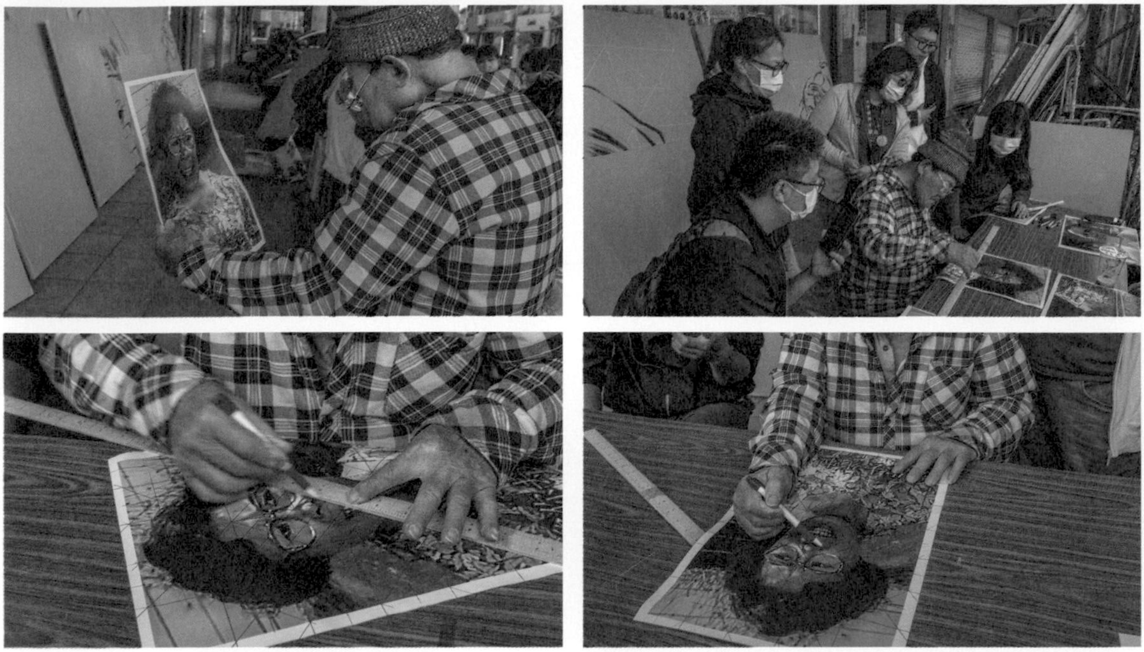

（二）原稿打格子（攝影：陳伯義）

（三）畫布打格子（攝影：陳伯義）

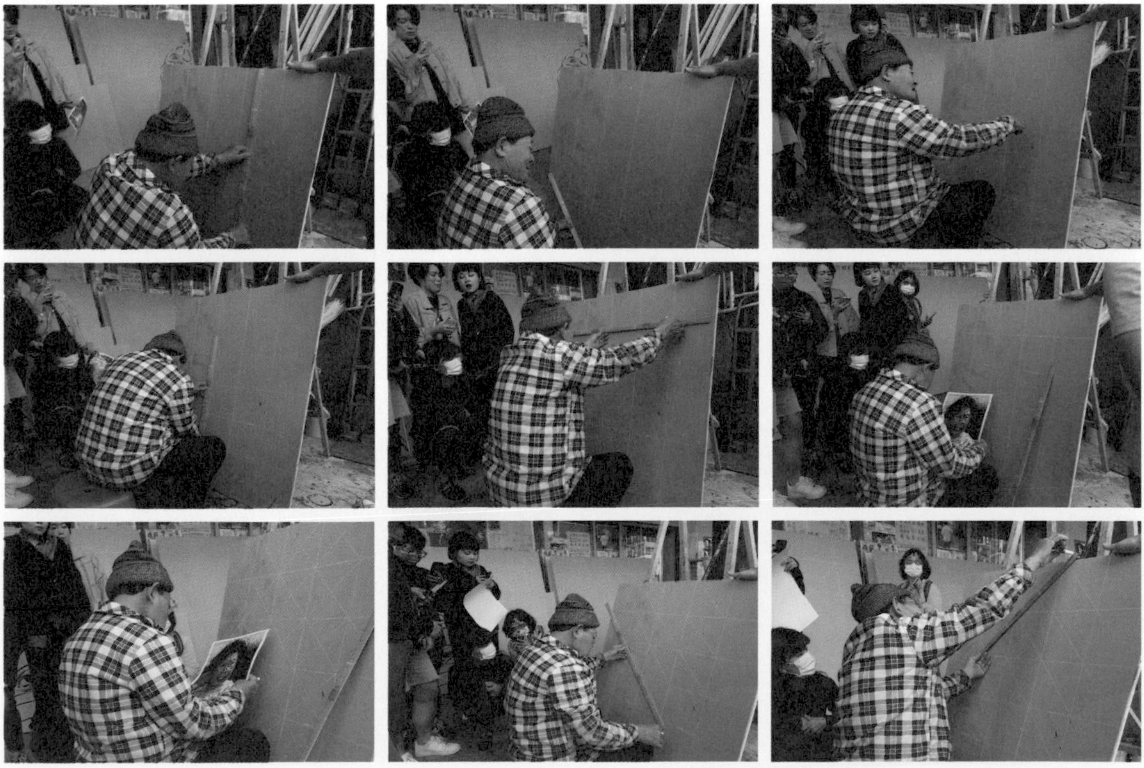

（三）畫布打格子

一開始先用白色粉筆依比例在看板上逐格放比例打格子，師傅會在旁不斷叮嚀：「粉筆不要下太重！」「你那個太亂了！」

（四）描輪廓

打完格子後再用粉筆描輪廓，接著用畫筆沾上黑色油漆描一遍，將不同的重點部位填入格子內。「關鍵在你要抓住這個人的特徵。」這時師傅逐漸不耐煩：「快一點！」「講不聽耶！」（叉腰）「咁聽唔？哎呀，算了！」（揮手）

（五）上色

依循著輪廓先畫底、畫粗胚，然後真正進入上色，從淺色至深色畫。在最後兩堂課的主軸就是讓學員上色，過程中師傅會不斷看顧學員、給予指導，並且在最後時刻還會視每位學員的狀況出手搶救。「要有輕重！」「筆要洗乾淨！」「這個顏色太重了！」（揮手）「加一點黃色、白色多倒一點。」「搵搵咧。」「太湯（稀）了。」「沒救了！」（再次揮手）

（四）描輪廓（攝影：陳伯義）

（五）上色

（六）寫字與簽名（攝影：陳伯義）

（七）收拾工具、清潔環境（攝影：陳伯義）

（六）寫字與簽名

在完成原作海報的畫面後，先晾乾並確認後，再進行最後的寫字與簽名，這是看板的最後一道工序。

（七）收拾工具、清潔環境

在所有手繪看板工作完畢後就是收拾工具、清理環境，顏師傅會將自己的工具放置在鐵皮工作室內，將學員的工具放置戲院側邊的暗巷，這裡是戲院現成的收納間，顏師傅這時會催促大家：「準備收工。」「十二點前得全部整理乾淨喔。」「不要弄髒走道。」

（八）大合照

（九）拆卸舊看板、懸掛拼接新看板

雖然學員無法參與到這個步驟，但這是所有手繪看板完成後最後一道程序，也是手繪看板繪製的最終目的——懸掛在戲院立面作為廣告宣傳使用。目前戲院考量顏師傅不適合爬上爬下，將此工作委託給外面的承包人員執行。本書記錄下顏師傅為新冠肺炎疫情打氣的「全球抗疫」大尺幅看板懸掛，是顏師傅近年最大面積的看板繪製。

（八）大合照（攝影：陳伯義）

藝燈節
孤 味
全美戲院
今天

藝燈節
孤 味
美戲院
今天

THE FIRST
今天
全美戲院

電影
全 抗疫
全美戲院

電影
Taiwan Can Help
全球 抗疫
全美戲院

（九）拆卸舊看板、懸掛拼接新看板（攝影：陳伯義）

顏振發 作品集

大井頭放電影
臺南全美戲院
World Health Organization
COVID-19
Taiwan Can Help
全球抗疫
今天
刻在你心底的名字
同學麥娜絲

一、手繪看板精選

手繪看板結合電影、廣告、海報、美術、設計等視覺元素，是顏振發一展畫工的舞台。本書精選二〇〇六至二〇二一年的作品，主要分為明星肖像與電影海報。明星肖像是顏振發的習作，並示範給研習班學員。在戲院的倉庫裡收藏了為數可觀的肖像看板，可看出他對於東、西方演員臉孔詮釋的差異。

自二〇〇五年起，因製作入場券明信片，全美戲院都會定期拍攝和記錄顏振發所繪製的大型看板，從中可發現他對手繪技藝的精益求精，以及各階段畫風的轉變。本書也收錄二〇一三年他為臺北世貿攝影大展所繪製的一系列臺灣經典國片懷舊看板，以及近年他透過手繪技藝，與不同時尚品牌、搖滾樂團、政治人物和藝文機構聯名的委託製作。

由於戲院的帆布看板須重複使用，顏振發大部分的手繪作品都未能實體保存下來，但大都透過數位影像的形式保存。第一章中七〇年代董日福拍攝顏振發所繪製的看板，見證了華語片在延平戲院的盛事。值得一提的是，在顏料選擇上，顏師傅堅持使用臺南包成油漆店所販售的九鼎牌油漆，因為色彩飽和、水性適中，用來最為得心應手。只要有基礎的黑、白、紅、藍、黃等原色，他就能調出看板上的顏色。

顏振發師傅依循《全面啟動》電影海報所繪製的大型手繪看板，目前長期懸掛於全美戲院內。

顏振發

顏振發

顏振發

顏振發

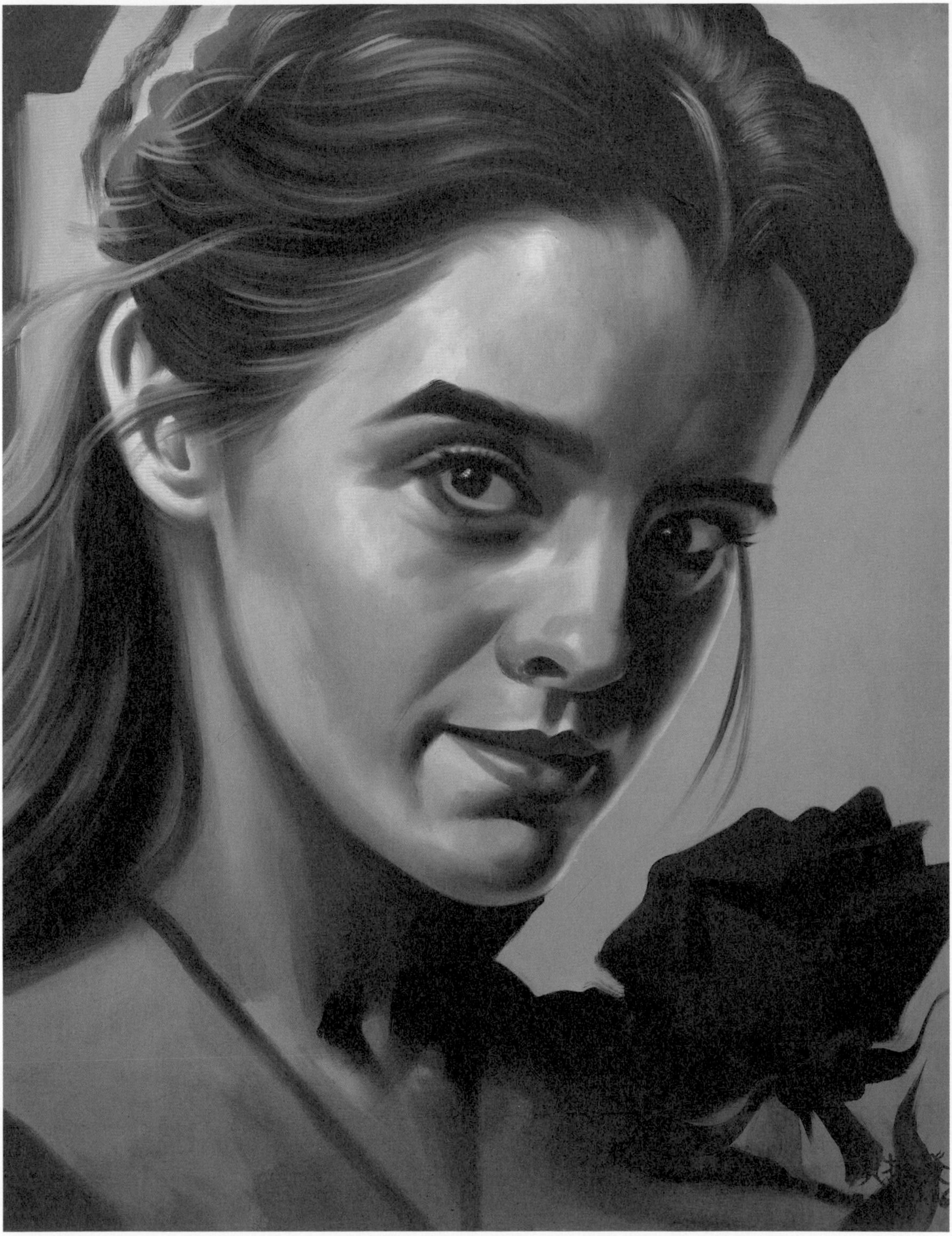

神力女超人
顏振發

顏振發

顏振發
2018.1.18.

顏振發
2018.12.26

顏振發
2018.12.26

顏振發

梁山伯与祝英台
凌波
樂蒂
導演 李翰祥
顏振發

臥虎藏龍
國際金獎導演
李安
章子怡
楊紫瓊
周潤發
顏振發

張柏舟‧卓勝利‧楊貴媚
導演
王童
稻草人
顏振發

囍宴
金素梅
趙文瑄
郎雄
導演 李安
顏振發

侯孝賢
梁朝偉
辛樹芬
悲情城市
顏振發

愛情萬歲
導演 蔡明亮
李康生
楊貴媚
顏振發

牯嶺街少年
殺人事件
張震
導演
楊德昌
顏振發

恐怖份子
導演 楊德昌
繆騫人・李立群
榮獲75年金馬獎最佳劇情片
顏振發

如果文明是要我們卑躬屈膝
那我就讓你們看見野蠻的驕傲
春節鉅獻
莫那魯道
抗日傳奇
賽德克·巴萊
Seediq Bale
導演魏德聖
太陽旗
彩虹橋

耕蚵
CHARINYEH
OYSTER GIRLS
蚵畫人生
台灣第一張 電影劇照式巨作
葉珈伶國際開發有限公司出品
徐蔚晴 蔡昕晏領銜主演 客串阿進/江叔/小黃
編劇葉珈伶 攝影登曼波/林建文 妝髮IVY
畫師顏振發 監製CHARINYEH

大稻埕
簡嫚書
隋棠
宥勝
豬哥亮

安心亞
藍正龍
阿嬤的夢中情人
王柏傑
顏振發

比利林恩
中場
戰事
奧斯卡金獎導演
李安

「斷背山
奧斯卡金獎導演 李安
色易守，情難防
一刀未剪
色|戒
演本片大爆紅
湯唯
梁朝偉

領銜主演
郎雄
金馬獎導演
李安

1950
全美戲院
60週年典藏紀念版
奧斯卡金獎導演 李安 最新鉅作
胡士托風波

金獎名導 李 安 首部3D鉅作
少年PI的奇幻漂流
賀八圍奧斯卡
11項金獎提名

金美戲院
CHIN MEN THEATER
4月22日起
存根聯
賀「李安榮獲奧斯卡最佳導演」
空前轟動
斷背山
金獎鉅片

水姑娘
我混的不是黑道
是友情·是義氣
存根聯
賣座
趙又廷·阮經天
艋舺
鈕承澤
導演作品

小鬼 黃鴻升·柯有倫·阿西·廖峻
陣頭

煮燒燒等你
賣座巨片
無政府
豬哥亮·藍正龍·柯佳嬿
雞排英雄

1950
全美戲院
存根聯
哈利波特
鳳凰會的密令

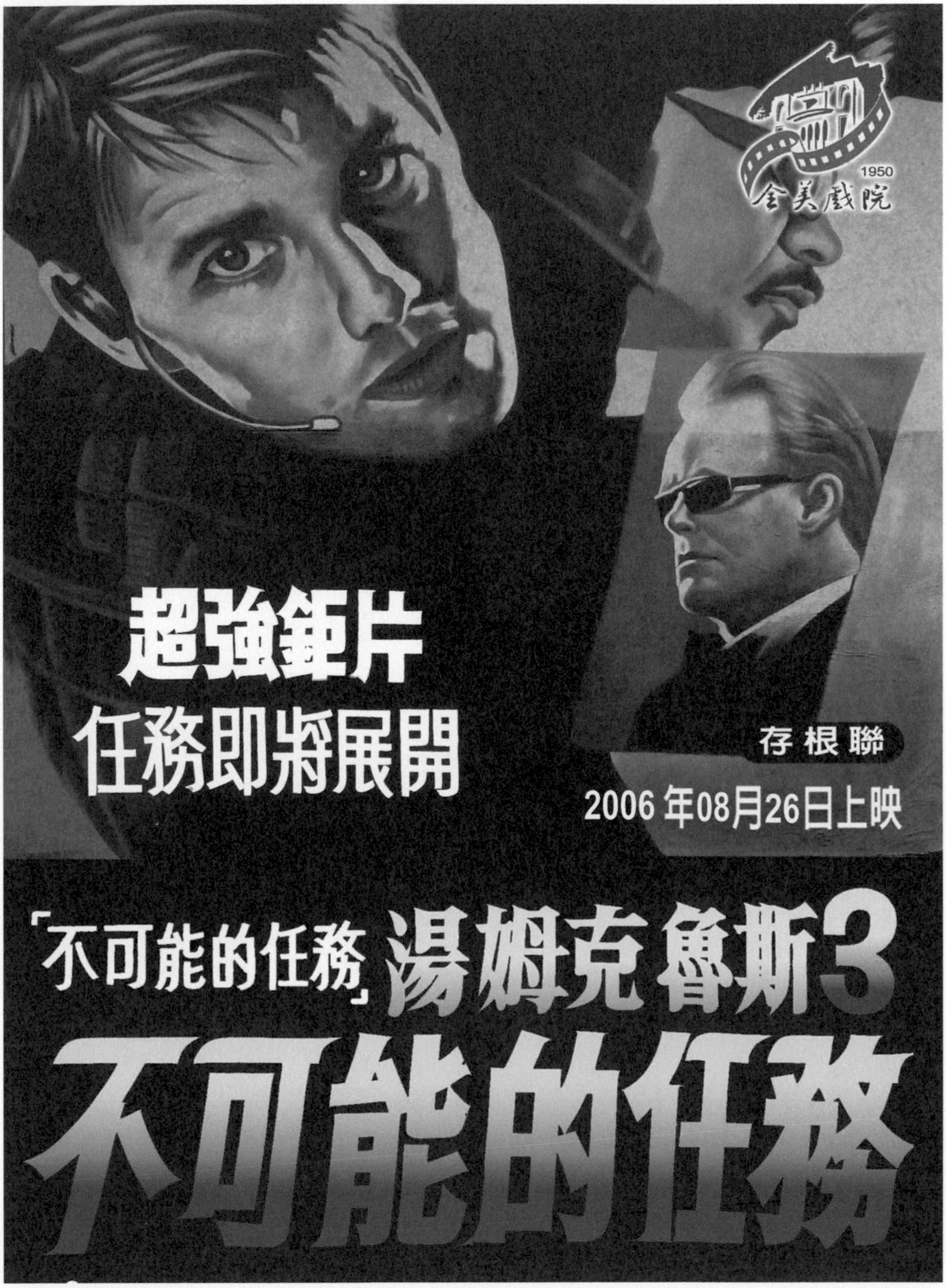
1950
全美戲院
超強鉅片
任務即將展開
存根聯
2006年08月26日上映
「不可能的任務」湯姆克魯斯3
不可能的任務

存根聯
1950
全美戲院
「鐵達尼號」金獎導演
詹姆士柯麥隆
阿凡達

雷神索爾3
諸神黃昏

存根聯
1950
全美戲院
電玩立体動畫特效製作群
玩具總動員3

小王子

怪奇孤兒院

億萬導演
史蒂芬
史匹柏
1950
全美戲院
存根聯
2005年10月29日上映
「不可能的任務」
「末代武士」
湯姆克魯斯
世界大戰
[第五屆南方影展11月19日-26日全美戲院開鑼囉!!]

不再有規則
格雷的五十道陰影
束縛

"GONE WITH THE WIND"
克拉克蓋博
費雯麗
全美戲院 CLARK GABLE 亂世佳人
70週年特映 VIVIEN LEICH 80週年
LESLIE HOWARD OLIVIA de HAVILLAND
亂世佳人

海角七号
CAPE No.7
導演
魏德聖
茆逸臣·田中千繪

怪獸與
牠們的產地

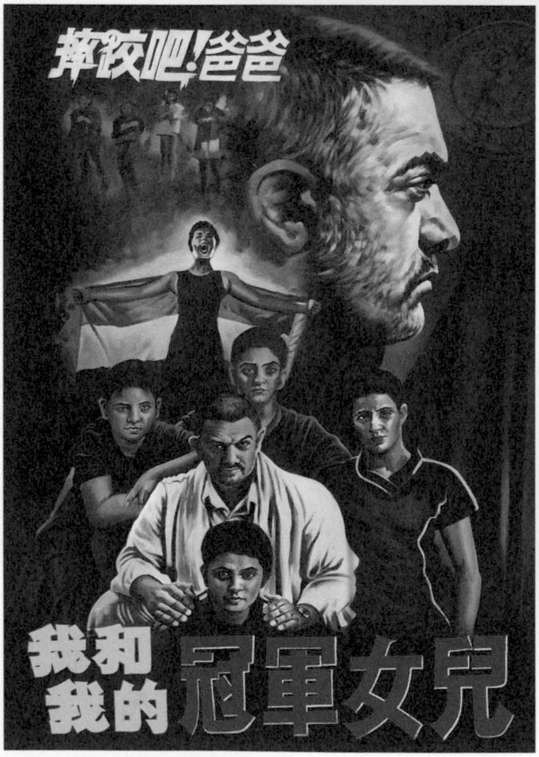
摔跤吧!爸爸
我和
我的
冠軍女兒

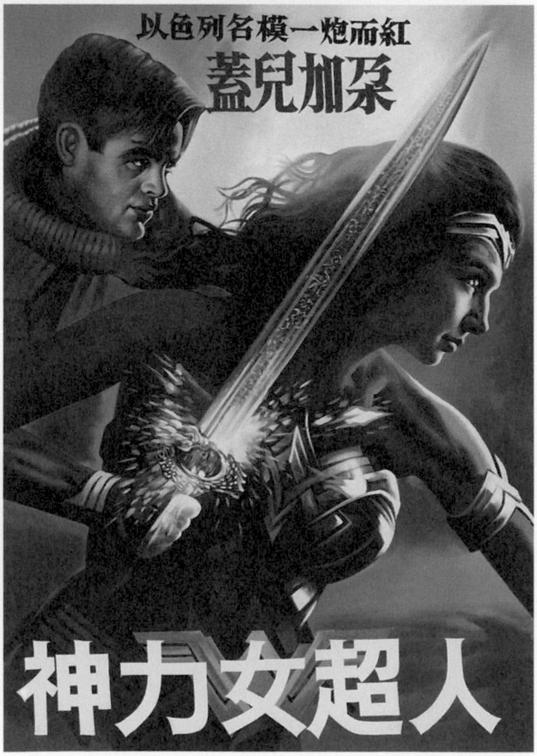
以色列名模一炮而紅
蓋兒加朵
神力女超人

震撼全球智利礦災國際救援事件改編
愛的信仰，帶領他們找到回家的路
重生奇蹟
謹向0206台南震災祈福

藍色大門
推薦台灣
陳柏霖、桂綸鎂
易智言導演

美女與野獸

奧斯卡最佳女主角 艾瑪史東
榮獲奧斯卡最佳導演最佳女主角等6項
最愛看著你 閃耀光芒 大獎
樂來越愛你

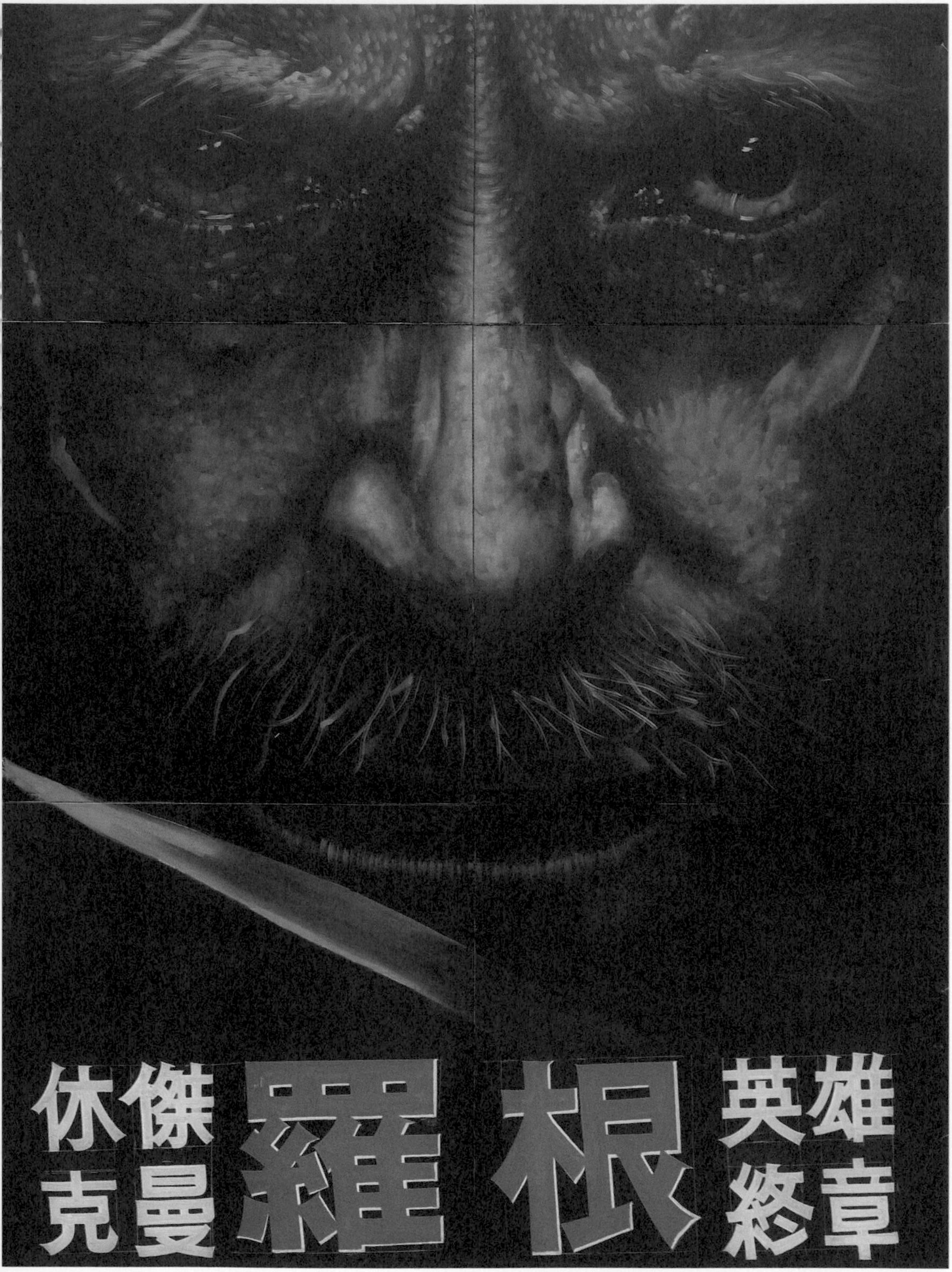
休傑
克曼
羅根
英雄
終章

春節
奇異博士

STAR
原力覺醒
WARS

MMM!
自殺
突擊隊

巨石強森
摩天大樓

蜜雪兒菲佛
麥克道格拉斯
伊凡潔琳莉莉
蟻人
與
黃蜂女
保羅路德

湯姆克魯斯
全面瓦解
不可能的任務

絕地救援

亡靈索命追捕
強尼戴普
神鬼奇航：死無對證
加勒比海盜

踏入未知之域
尋找魔法起源
DISNEY
冰雪奇緣2

飢餓遊戲
自由幻夢

瓦昆菲尼克斯
JOKER
小丑
戴上快樂的笑臉

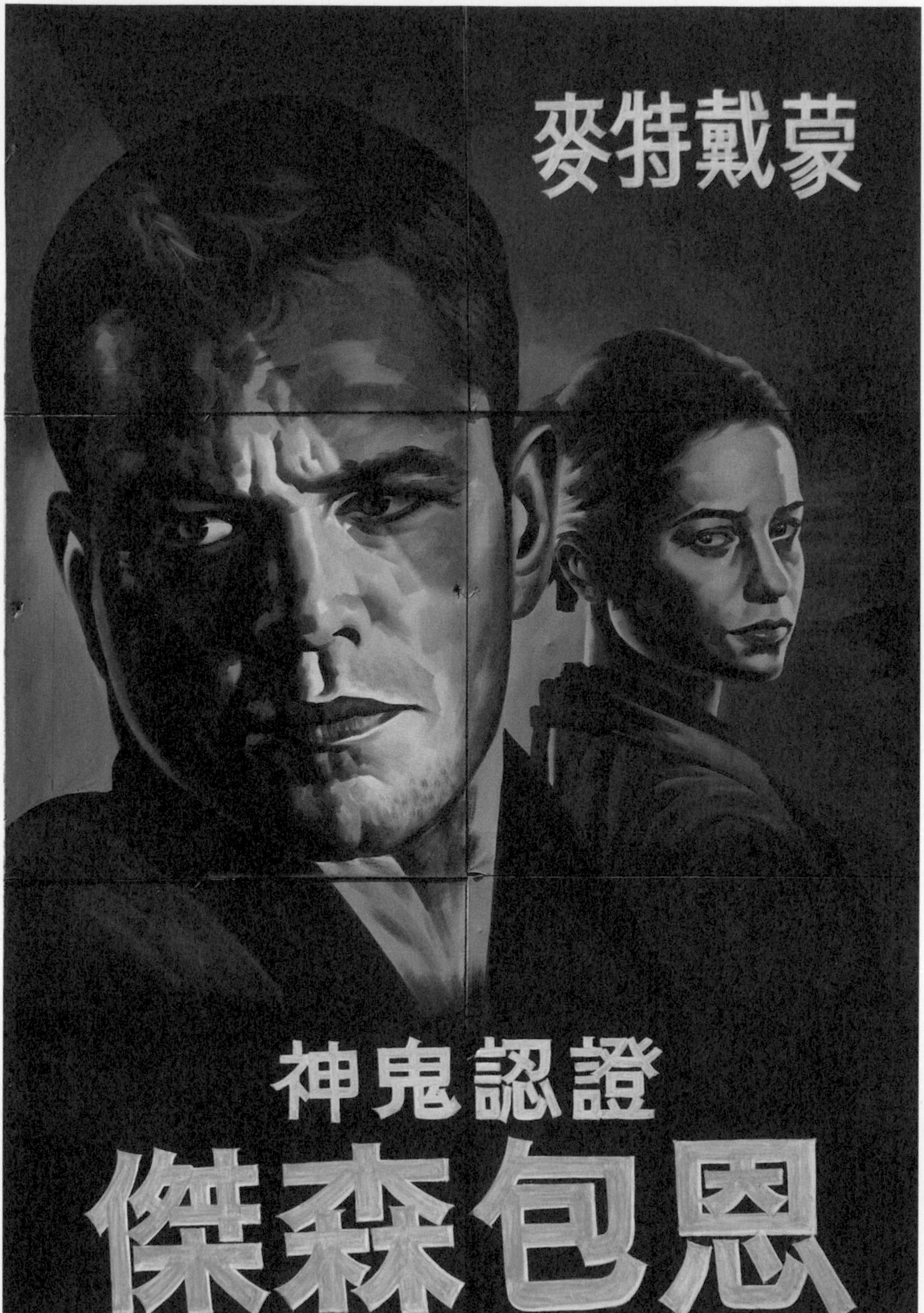
麥特戴蒙
神鬼認證
傑森包恩

屍速列車

二、油畫作品

顏振發從小接受基礎美術教育，曾在國小獲得繪畫比賽的獎項，但真正啟發他創作的，是報紙上一格格電影廣告：高潮迭起的劇情情境、俊男美女的明星臉龐、爭奇鬥豔的動作姿態，都促發他提筆臨繪，這與藝術家在專業創作之前都從擬仿開始是一樣的。

進入看板畫師的職業生涯後，他仍保有對於藝術創作的意念，而他在延平戲院遇見前輩藝術家郭柏川畫室的兩位徒弟——陳峰永與董日福，開啟了他認知純美術的途徑。當陳峰永教授看板技術時，他看到了石膏像素描的痕跡，他也進一步向董日福學習素描的基礎技法，可說是間接承繼了郭柏川的繪畫理論，講求平衡、動感與客觀性。為了精進繪畫技巧，這幾年他特地到王丁乙畫室學習進階油畫課程。

本書精選他鮮少公開的油畫作品，由攝影家陳伯義攝影記錄。他在住處的畫室創作油畫作品，與繪製看板的工作場域做出區隔，作品有靜物臨摹畫、自畫像、肖像畫、西方風景畫與東方鄉土寫實作品。其中，畫作《憶童年》將多種類型拼貼在同一個構圖中，表達出兒時家鄉的田園記憶。期待未來顏師傅在藝術上有更多的創作實踐。

肖像，1981（陳伯義翻攝）

百歲人瑞，2007（陳伯義翻攝）

靜物，2008（陳伯義翻攝）

全家福，2008（陳伯義翻攝）

鯉躍龍門，2008（陳伯義翻攝）

魚仔，2008（陳伯義翻攝）

春耕，2008（陳伯義翻攝）

安平漁港，2009（陳伯義翻攝）

枯萎的長城，2009（陳伯義翻攝）

憶童年，2010（陳伯義翻攝）

夏浴，2010（陳伯義翻攝）

風景（一），2015（陳伯義翻攝）

風景（二），2015（陳伯義翻攝）

看板之後，背面的背面

緊跟著顏振發的腳步，我們與他來回穿梭於全美戲院騎樓下的公共畫室現場，還有高掛在上頭四塊關於他人生不同階段的看板。他從一位愛畫畫的下營男孩、進城拜師學藝的菜鳥徒弟、嶄露頭角的出籠畫師到獨當一面的首席，近十年更成為媒體追逐、功成名就、榮譽加身的「臺灣國寶」。

一路走來，一切都歷歷在目，彷彿當年離家追逐夢想是昨天才發生的事，轉眼人生已越過一甲子。他的雙手仍如少年般有力地緊握著畫筆和油漆，將電影、廣告、美術與手工藝匯集於一塊看板上。他一生畫過數千部電影，終生奉獻給電影產業最末端的廣告招牌，是戲院觀眾面對每部電影的第一眼，但他的名字在電影尾聲的工作人員名單中卻缺席了。然而，他站在銀幕的彼端，確實參與了其中的環節。顏振發繪製過數不盡電影明星、政治名人的臉龐，他說：「一切都從畫臉開始。」演員的臉是電影鏡頭中最重要的拍攝元素，也是觀眾銘記每個時代經典電影的重要標誌，主角、配角與客串在看板上輪番上陣，隨著顏振發的畫筆安排位置，以手繪技藝為不同的電影代言。

媒體的鎂光燈璀璨耀眼，稍縱即逝，終於他等到自己擔任電影主角的時刻。二〇一七年茶飲店與酒商廣告分別以《永遠的新鮮人》與《大師之路》為名，

顏師傅為微電影《永遠的新鮮人》繪製的電影看板

不約而同地都選定顏振發師傅作為自傳微電影的主角，成為鏡頭裡最閃耀的明星，講述著關於自己作為畫師一生的台詞。人生片段隨蒙太奇交錯，看著銀幕上的自己，他想起多年來的艱辛困苦，不禁潸然淚下。

過去的辛苦終於換得現在這點成就，顏振發印各式自己獲獎與媒體的報導的證明貼在全美戲院的騎樓，與過路人分享喜悅，他也在顏氏宗廟張貼，希望能光宗耀祖。令人難過的是，當他終於有能力孝順父母時，他們早已不在人世，現在回到下營老厝，只能獨自一人追憶童年往事。他也感慨臺南的看板江湖上只剩下他在作畫，當桃園中源戲院正式宣布歇業之後，過去「北有謝森山、南有顏振發」的臺灣手繪看板傳奇也隨之落幕。顏振發成為臺灣最後一個為戲院服務的手繪看板師傅，而全美戲院也成為全台碩果僅存、唯一保留手繪看板傳統的老戲院。

過去默默作畫、堅守執業的畫師們一起走過臺灣戰後的電影、戲院與廣告歷史，年輕時他們可能從未想過自己會被時代淘汰、被數位與電腦打敗，當時都是單純地對畫圖充滿憧憬與理想，可能只是因為進戲院看了一齣戲、在報紙廣告上學著描繪明星肖像、仰望著一大幅大型看板而開始嚮往畫師職業，各自因為不同的原因在這片江湖裡交會。

在全美戲院對面的騎樓下，顏師傅張貼著自己獲獎與媒體報導的圖片，與過路人分享他的喜悅。（攝影：陳伯義）

近年來，除了臺南的顏振發師傅，大眾也開始重視臺灣各地默默作畫的手繪看板師傅，如前述桃園中源戲院的謝森山師傅，還有以中部戲院為基地的張玉村師傅，他們對於傳統手藝的傳承終於獲得應有的尊重與肯定。他們各自分別在中原大學與嘉義文創園區舉辦「匠心獨蘊——謝森山手繪電影看板個展」與「一筆入魂——張玉村手繪電影看板展」，他們的看板重新被看見，梳理並回顧一生的創作生涯。

在許多地方還有無數隱姓埋名的畫師，他們離開江湖、轉行他途，畫筆被遺留在某個不再打開的抽屜中，桶裡的油漆也早已乾涸凝固，但身上仍留有手繪魂，這段永遠抹不去的記憶與技藝被存放在心底。藏著不等於被遺忘，他們的精神正由顏振發與研習班的學員一同被傳承下來。

這趟旅程即將進入尾聲，原以為顏師傅要落定，回到戲院的騎樓下繼續為下一塊電影海報振筆，這時他卻出其不意地向看板的背後走過去，往黯然無光的陰影處前進。海市蜃樓般的廢墟戲院都有一間人去樓空的畫室，舊時的手繪看板就存放在那個黑暗角落裡，與歷史洪流裡一部部下檔的電影，在銀幕上閃耀過後被收進片盒，從此不再打開。

顏師傅與手繪看板研習營學員之間有趣的互動（攝影：陳伯義）

看戲的人很健忘，常常一去不復返，電影是很殘酷的，看板也是。畫電影的人必須時時刻刻與自己的身心交戰，他們長年使用油漆，除了得忍受顏料嗆鼻的氣味，還有慢性的揮發性氣體侵蝕著他們的呼吸道。工作時，身體姿勢得配合看板高低，時而站立、時而久蹲，長時間手握油刷與畫筆，舉上拿下，手腕扭傷、五十肩、駝背等各種問題都造成不同部位的痠痛。

除了肉身的折磨，手繪看板更常用到的是靈魂之眼，畫作越美麗越是侵蝕視力，顏振發師傅就因為長期高度專注而導致過度使用眼睛。多年前，醫生發現他的視網膜嚴重毀損，後來以雷射修補救回他的左眼，但右眼已幾近全盲。短時間內這些傷害是看不出來的，但經年累月下來，大量的體力勞動造成畫師們無以復加的職業傷害，在晚年都會一一找上門來。

顏師傅提及他曾經為了趕工，連續工作好幾十天，過度勞動下體力不支，身體完全搞壞，休養了快兩年時間才復工。職業傷害造成的只是身體上的傷害，手繪看板畫師在高壓高工時卻又低工資的條件下，時常也要與自己的心魔戰鬥，有些師傅在面對陰暗時沾染了惡習，以致晚景淒涼。

顏師傅手繪的職人身影是臺南府城獨特的街景（攝影：陳伯義）

由於過去不善人際、不熟悉社會運作，顏師傅常常被投機的客戶欺騙，常常做白工而未拿到應有的工資，幾經波折讓他對社會失去信心，也幾乎想要放棄，就此離開看板事業。雖然一生都在艱辛困苦中度過，但他還是為了繪畫的理想，憑著一股傻勁堅持下去，顏振發可以說是最幸運的看板師傅，歷史之流讓認真自律的他被大眾看見，精彩的一生也被留存下來。

顏師傅常形容自己是「天公囝仔」，天生注定吃這行飯，雙手厚實、眼睛鳳眼，手與眼成就他一生的手繪志業。過程中他看盡人生風景，好幾次躲過生命之劫，曾經因職業傷害一度想要放棄，也曾差點敗給職業倦怠的心魔，但他都一一突破、超越自我。他內心仍是個少年，保有當年不畏懼任何阻礙、從下營來到城內習畫的衝勁，後來還曾為了精進畫藝，到董日福畫室學習素描，也在王丁乙畫室學習油畫，秉持著終生學習的精神。

顏振發把繪畫視為人生伴侶，一生未婚，一人吃飽全家飽，過著如苦行僧般的生活。每天圍繞在看板間過活，以前窮怕了，他更珍惜能掙錢的機會，看板的案子都來者不拒。他目前密集趕工二至三天，就能完成一幅全美戲院外牆的大面電影看板，每天早上開工，一路畫到傍晚時分，有時天氣轉熱，為

顏師傅專屬的顏料盤（攝影：陳伯義）

避免太陽西曬，就得趕在三點多前收工，因此他的用餐與休息時間常不固定，長期飽受腸胃不順之苦。上工前，顏師傅會先在全美戲院對面的騎樓下，張開他的小桌子開始吃早午餐，因為牙齒不好，餐桌上常是煮到軟爛的牛肉湯、虱目魚湯配肉燥飯，相當在地的臺南味。因為對咖啡因過敏，飯後他不喝茶飲，但他吃大量的水果，如一大片西瓜、整束的葡萄，補充水分和纖維。下工後，他騎著多年老舊的機車，惜物的他捨不得替換，從戲院出發前往小北夜市包飯，然後走到一對老夫婦經營的老字號果汁攤，一口氣請老闆和老闆娘幫他打上三杯口味不同的果汁，這點小確幸是犒賞自己一整天辛勞的重要慰藉，也是他持續走下去的能量來源。

每張看板、每幅畫作都是從白布開始，每一天都是新的開始，每一面看板的完成就像是一部電影從開始到結束的過程。今天上映的是顏振發主演的自傳電影，戲院外頭的四面看板繪製了他一生的故事，觀眾跟隨他從外層穿越裡頭，從表面繞進黑暗，由黑白轉為灰階再成為彩色，這場戲仍繼續上演……顏振發依舊每天提著畫筆，靜靜坐在全美戲院的騎樓下，做著他一生的志業，堅持著最初的夢想，日復一日、年復一年。他偶爾仰望著懸掛在上頭的看板畫作，然後滿意地向路人介紹那是他的作品，現在他都會為完成的畫作簽上名字，然後等待下一塊

手繪看板研習營常態性開班，每次招生都吸引許多學員慕名而來。（攝影：陳伯義）

看板的到來。

他永遠不知道未來要畫的電影會是什麼，未知帶領著他一幅接續一幅，只要能畫，他要畫到雙手拿不起畫筆、眼睛看不見這個世界為止。

精彩預告
假面病棟

對照年表

顏振發個人史

成長階段（一九五三—一九七〇）

一九五三年，下營紅甲里出生，甲中中庄仔人。為顏家宗親，與前輩藝術家兼工藝師顏水龍來自同一庄。家中有五個小孩，父母在市場工作。

一九五九至一九六五年，就讀下營甲中中小學，閒暇時會到下營鎮上的「大新戲院」看電影。

一九六五年至一九六六年，小學畢業後考上新營的興國中學，但在初中就讀一年卻因為身體不適而申請休學，之後就不再就學。

一九六六年至一九七〇年，經由親戚介紹，到臺北學做西裝一個月，後來不適應輾轉回到家鄉。父親朋友又介紹顏師傅去高雄學做車床，

臺南戲院史

延續日治時期戲院分布，一九五〇至六〇年代臺南市中、西區尚未合併，商業戲院集中在這兩個行政區，發展出群聚區塊，當地人俗稱「電影里」，範圍北至成功路、南至友愛街。

戰後至一九五〇年代初，正值臺南歌仔戲、布袋戲進入內台的黃金時期。五〇年代後半由於台語片興起，加上觀眾看戲習慣開始改變，內台人戲逐漸被電影取代而快速衰頹，戲團紛紛出走。

今日・全美戲院

草創建成時期（一九四六—一九六八）

一九四六年，歐雲明在中正路上開始經營「全成戲院」。

一九五〇年二月十二日，歐雲明開設永福路上的「全成第一戲院」，開幕日上映的第一部電影為哥倫比亞出品的彩色片《臙脂虎》(The Loves of Carmen)，並舉辦摸彩活動。

「全成戲院」在後來改為雙線經營，分為電影部與戲劇部，後又將「全成戲院」改分為「大全成戲院」、「小全成戲院」，並還兼營「全成旅社」。

一九五〇年代初期，歐仙桃於全成戲院旁開設「新全美」的百貨店，也租下全成戲院販賣部經營。

一九五三年，全美戲院第一代經營者：歐仙桃與吳義垣先生結婚。

一九五三年底到一九五七年，「全成戲院」分為

做了一個月，手差點被機械壓過去，所幸虛驚一場。

初學階段（一九七一—一九七三）

一九七一年歲離開家鄉，來到臺南市內投靠姑姑，姑姑引介一位朋友介紹顏振發來到延平戲院，向陳峰永師傅拜師學藝。

一九七三年，畫了人生第一個電影手繪看板，電影是《丹麥嬌娃》。

顏振發他們同門師兄弟就六、七個，同時之間他們都在畫，一個人一個月可能都要畫上上百幅。

一九七三年至一九七六年展開軍旅生涯，一開始先到金門待五個月時間、馬祖停留三個月，後來又回到本島，從新北淡水一路到桃園雙連坡、臺中成功嶺等地到處支援。

一九六〇年代，臺南戲院百家爭鳴，戲院開始出現搶片風潮、巴結片商、爭搶廣告版面。

黑白電視逐漸興起普及，戲院開始使用超視綜藝體。

一九六九年，《電影法》規定戲院除了中央核發臺灣省影戲院營業許可證，還需到地方政府商業課登記，戲院得同時拿到中央跟地方的兩張證照才可營業。

在民風保守的年代，戲院如果在正片中穿插露骨片段能招來生意，雖然當時電檢森嚴但插片風潮仍盛。

「大全成戲院」「小全成戲院」；一九五〇年代後半，全成戲院將表演部門收起來。

一九六八年，「小全成戲院」更名為「全成戲院」多年，並取得國泰影業的國語片放映權，打算轉型成為國台語片的專映戲院。

接手困頓時期（一九六九—一九七〇）

歐雲明將中正路上的大、小全成轉賣給了同為董事的歐雲炎，但人在北部行醫的他將經營權全權交給大妹歐油柑及妹婿陳慶輝負責。

歐雲明先生以五百萬元轉售「全成第一戲院」給當時仍在經營新全美百貨店的小妹歐仙桃與妹婿吳義垣，以當時投資報酬率並不被看好。

一九六九年四月十二日，「全成第一戲院」改名為「全美戲院」，上午九點特別聘請時任市長的林錫山出席開幕剪綵，上映的開幕電影是史提夫麥坤主演的《警網勇金剛》。

接手初期生意遇上瓶頸，曾上演的《冰王之王》只賣出一張票兩塊錢的超低價，並祭出抽獎摸彩等宣傳方案刺激票房，最後在排片經理的推薦下開始進行「插鏡頭」生意。

成熟階段（一九七七—一九九九）

一九七七至一九八〇年，在朋友引介下至屏東潮州新山戲院工作，繪製看板三年，曾在二十五歲時遭遇到瓶頸。

一九八一年，在屏東磨了三年歲月後，回到臺南「電影里」，同樣追隨師父陳峰永，師徒的大本營從延平戲院轉移到統一．中國城。

一九八〇至一九九〇年代適逢華語片武俠片、港片黃金時期，極盛時

隨著經濟起飛，整個臺灣社會的消費水準提升，而更有能力進行娛樂行為，看電影成為更為普及的日常休閒活動。

彩色電視衝擊，臺灣國語片從盛事逐漸走向蕭條。

當時歌廳秀盛行，在臺南文化中心一九八〇年代建置前，由於戒嚴時期歌手被規定需在合法營業場所才能表演，戲院營業項目除

「插鏡頭」招來便衣警察突擊，地檢署將負責人以妨礙風化移送法辦，全案因沒有足夠證據獲判無罪，雖然逃過刑事處罰，分局長還是用行政法以初犯進行吊扣營業牌照，並勒令戲院停業三天。

一九六九年，全成戲院以史恩康納萊主演、一連五集輪番上陣且場場爆滿的《〇〇七第七號情報員》系列作為風光落幕，戲院正式改名為「今日大戲院」繼續經營，戲院以首輪西片為主。

二輪經營時期（一九七一—一九八九）

一九七一年五月一日，全美戲院在美商聯美影片公司經理建議下，正式從首輪轉型為二輪戲院，經營上逐步走向穩定。

一九七三年至一九七四年間，戲院場地租借給電視台或唱片公司使用，舉辦影歌星聯合大公演，這兩年間共有五套表演在全美戲院輪番公演。

一九八四年七月吳義垣與歐仙桃頂下今日戲院。以吳耀漢、岑建勳、葉德嫻主演的港片《雙響炮》作為開幕鉅片。同年年底，洪榮宏與江惠來到此登台演出。

期每位畫師一個月要負擔到一、兩百幅看板。

成熟階段（一九七七—一九九九）

一九八一年至一九九五年，在統一．中國城服務共計十五年時間。後面幾年因為師父陳峰永退休後，才慢慢爬上首席位子。

了映演外尚演戲劇等，戲院因此成為歌廳秀重要場地。

一九八七年解嚴前後，臺南市區內掀起綜藝歌舞秀的風潮，不同於七〇年代全美戲院的歌廳秀場模式，俗稱「牛肉場」的情色歌舞團在這一波風潮中異軍突起。

隨著時代變遷，彩色電視、第四台、錄影帶、VCD一發發攻勢衝擊著映演業。

一九九二年，臺南市政府規劃將海安路進行拓寬，以及將週邊商家導入地下街，卻引爆出一連串政商勾結弊案與工程問題，使得中正商圈快速走向沒落。

一九八八年五月七日，「整修內部、暫停營業」的廣告貼出，事隔幾天，今日戲院搖身一變成為「今日影劇院」轉租給歌舞歌舞團與牛肉場演出使用。

一九八九年前後永福路進行拓寬工程，同年六月全美戲院進行一廳分割為兩廳改造工程。

多方競爭時期（一九九〇年代）

不少戲院相繼投入二輪戲院經營，也使得今日．全美戲院競爭者逐漸增多，最大宿敵就是統一．中國城，兩邊爭奪臺南二輪戲院的龍頭寶座，這場「中美戰爭」從一九九〇年代中期打到二〇一一年中國城戲院正式結束營業為止。

全美戲院於一九九九年內部再次進行整頓裝修，其中一個大目標就是翻轉大眾對於二輪戲院髒亂的印象。

一九九三年至二〇一〇年，今日戲院的一樓經營「今日精品街」。

全美戲院階段（二〇〇〇—）

大約在二〇〇〇年之後，全美戲院吳義垣老闆邀請當時在國花戲院服務的顏振發師傅到全美戲院擔任首席看板繪師。

二〇一〇年名主持人Janet 隨旅遊生活頻道「瘋臺灣」節目團隊，一起來戲院向顏振發拜師學畫，就此顏師傅成為鎂光燈追逐的焦點，先後登上《美聯社》、《紐約時報》等國際媒體。

二〇一四年，舉辦「油畫直說一顏振發油畫個展」。

二〇一八年底，獲頒臺南市卓越市民，同年底所繪製 GUCCI Art Wall 於臺北永康街公開展出。

二〇二〇年，繪製「防疫五月天」巨幅帆布致贈給陳時中部長。

連鎖影城攻破府城城池、網際網路與與盜版崛起，更加速了臺南市內獨棟戲院的倒閉歇業。

二〇〇二年，行政院提出文化創意產業發展計畫，將文化創意產業發展列為國家發展政策重點。

二〇一二至二〇一三年，臺灣電影院映演設備全面數位化。

二〇一二年文化部成立。

二〇一八年起，臺南市文化局串聯臺南市內老戲院，開辦「老台新藝」活動。

二〇二〇年，嚴重特殊傳染性肺炎全球蔓延，導致電影產業面臨嚴峻挑戰。

文創轉型時期（二〇〇一—二〇〇九）

二〇〇一年《臥虎藏龍》上映，李安第一次重返全美，舉行簽名會。

二〇〇四年《綠巨人浩克》上映，李安二度來訪，和現場觀眾、台南一中、台南藝術大學學生互動座談。

二〇〇四年，吳家第二代吳俊誠經理至社區大學修讀文創相關課程。

二〇〇五年四月，全美戲院第一張手繪看板明信片戲票從此誕生，封面海報是宮崎駿的動畫片《霍爾的移動城堡》，執筆的畫師為顏振發師傅。

二〇〇六年，全美戲院五十五週年，進行歷史屋瓦整修工程，「舊瓦」分送觀眾，舉辦「弄璋弄瓦」藝術創作比賽。

二〇一三年五月至今，開辦手繪看板研習營，成為全美戲院金字招牌活動。

二〇一六年，首辦「全成有戲」，將不同的表演

顏振發個人史	二〇二一年，顏振發手繪生涯滿五十週年，專書《大井頭畫海報：顏振發與電影手繪看板》出版發行。
臺南戲院史大背景	
今日・全美戲院	藝術邀請至老戲院搬演。 二〇二〇年，全美戲院七十週年，專書《大井頭放電影：臺南全美戲院》出版發行。

參考書目

下營顏氏宗親會（二〇一四）。《下營顏氏家族族譜》。臺南：下營顏氏宗親會。
王振愷（二〇二一）。《大井頭放電影——臺南全美戲院》。臺北：遠足文化。
王朝賜、陳桂蘭（二〇〇九）。《南瀛戲院誌》。臺南：臺南市政府文化局。
吳靜庭（二〇一六）。《董日福藝術（一九五五—二〇一六年間）之研究》。國立嘉義大學視覺藝術學系研究所。
李俊毅（二〇一四）。《手繪電影看板之顏振發畫師的生命敘説》。臺南應用科技大學視覺傳達設計系碩士班。
李政亮（二〇二〇）。〈電影廣告百年物語（上）——貴圈真亂？台灣第一波「電影館大戰」〉，鳴人堂。
李政亮（二〇二〇）。〈電影廣告百年物語（下）——日治時代的電影館「搶片」大亂鬥〉，鳴人堂。
李欽賢（一九九七）。《氣質・獨造・郭柏川》。臺北：雄獅美術。
林俊良（二〇一三）。〈台灣藝文海報發展與國際設計趨勢〉。《玩味文學》第三十九期，頁三二—四一。
林品章（一九九六）。〈臺灣光復前後的海報——兼談海報的定義與功能〉。《美育》第七十六期，頁二九—三六。
法蘭西斯・莊（二〇二〇）。〈電影人的那些年，那些事——戲院看板年代〉，iLOOKER 電影網。
法蘭克・懷特佛德（二〇一〇）。《包浩斯》。臺北：商周。
邱坤良（二〇〇八）。《飄浪舞台——台灣大眾劇場年代》。臺北：遠流。
胡澤民（一九九六）。〈現代海報藝術的發展〉。《美育》第七十六期，頁三—二〇。
涂瑛娥（一九九〇）。《蘭嶼・裝飾・顏水龍》。臺北：雄獅美術。
國立臺北藝術大學電影創作學系，「臺灣電影史研究史料資料庫」。
郭盈良等著（二〇一七）。《嘉義老戲院踏查誌》。臺灣圖書室文化協會
陳柔縉（二〇〇五）。《臺灣西方文明初體驗》。臺北：麥田。
陳柔縉（二〇一五）。《廣告表示：———。老牌子・時髦貨・推銷術，從日本時代廣告看見台灣的摩登生活》。臺北：麥田。
黃靖懿、嚴芷婕（二〇一三）。《職人誌——五十二個頂真職人，認真打拼的故事報乎你知》。臺北：遠流出版社。
黃翰荻等著（二〇二一）。《繪聲繪影一時代——陳子福的手繪電影海報》。臺北：遠流出版社。
楊宗魁編（二〇二〇）。《台灣百年暨百人視覺設計套書》。臺北：大計。

楊貞霞（二〇〇八）。〈如戲的人生——台南老戲院（之二）〉，《王城氣度》第二十七期，頁一一—一三。
葉龍彥（一九九六）。〈臺灣電影海報的發展〉。《美育》第七十六期，頁三七—四四。
葉龍彥（一九九七）。《台北西門町電影史一八九六至一九九七》。臺北：國家電影中心。
葉龍彥（二〇〇四）。《台灣的老戲院》。臺北：遠足文化。
臺北市立美術館（二〇一二）。《走進公眾・美化臺灣——顏水龍》。臺北：臺北市立美術館
臺南市美術館（二〇一九）。《透明的地方色——郭柏川回顧展》。臺南：臺南市美術館。
潘家欣（二〇一九）。《藝術家的一日廚房——學校沒教的藝術史：用家常菜向二十六位藝壇大師致敬》。臺北：大寫出版。
蔡棟雄（二〇一四）。《三重的藝術與藝術家們》。新北市：新北市公所。
蕭瓊瑞（二〇一一）。《豐美・彩繪・潘麗水》。臺北：藝術家。
簡嘉誠（二〇二一）。《畫電影的人——手繪海報的美好時光》。臺北：蓋亞。
顏文賀（二〇一五）。《下營藝術家的故鄉》。臺南：下營區公所。
顏水龍（二〇一六）。《工藝臺灣》。臺北：遠流。

國家圖書館出版品預行編目(CIP)資料

大井頭畫海報：顏振發與電影手繪看板/王振愷作. -- 初版. -- 新北市：遠足文化事業股份有限公司, 2021.07
面；　公分. -- (藝臺灣；9)
ISBN 978-986-508-104-1(平裝)
1.顏振發 2.臺灣傳記 3.海報設計
783.3886　　110008590

特別聲明：
有關本書中的言論內容，不代表本公司／出版集團的立場及意見，由筆者自行承擔文責

遠足文化　讀者回函

藝臺灣 9

大井頭畫海報 顏振發與電影手繪看板

作者・王振愷｜**攝影**・陳伯義｜**照片提供**・今日・全美戲院｜**責任編輯**・龍傑娣｜**美術設計**・林宜賢｜**出版**・遠足文化 第二編輯部｜**社長**・郭重興｜**總編輯**・龍傑娣｜**發行人兼出版總監**・曾大福｜**發行**・遠足文化事業股份有限公司｜**電話**・02-22181417｜**傳真**・02-86678157｜**客服專線**・0800-221-029｜**E-Mail**・service@bookrep.com.tw｜**官方網站**・http://www.bookrep.com.tw｜**法律顧問**・華洋國際專利商標事務所 蘇文生律師｜**印刷**・凱林彩印股份有限公司｜**初版**・2021年7月｜**一版二刷**・2021年12月｜**定價**・500元｜**ISBN**・978-986-508-104-1｜